Este livro é um presente especial para:

____

Presenteado por:

____

Em:

_____ de ____________________ de 20_____

CB124914

Mas isto lhes ordenei, dizendo: Dai ouvidos à minha voz, e eu serei o vosso Deus, e vós sereis o meu povo; e andai em todo o caminho que eu vos mandar, para que vos vá bem.

(Jeremias 7:23)

Clementino Barbosa

OS CHAMADOS *de* DEUS

Diretrizes espirituais *para uma* vida cristã impactante

Thomas Nelson
Brasil®

Rio de Janeiro, 2018

Copyright © 2018 por Clementino Barbosa.

Copyright de publicação © Vida Melhor Editora S.A., 2018.
Todos os direitos reservados.

As citações bíblicas são da *Almeida Corrigida e Fiel* (ACF), da Sociedade Bíblica Trinitatiana do Brasil, a menos que seja especificada outra versão da Bíblia Sagrada.

Os pontos de vista desta obra são de responsabilidade do autor e colaboradores diretos, não refletindo necessariamente a posição da Thomas Nelson Brasil, da HarperCollins Christian Publishing ou de sua equipe editorial.

Gerente editorial	Samuel Coto
Editor responsável	André Lodos Tangerino
Produção editorial e edição de texto	Aldo Menezes
Revisão de conteúdo	Luciano Alves e Jether Nereu
Revisão de provas	Patrícia Murari
Diagramação	Letras Reformadas
Capa	Rafael Brum

CIP-BRASIL. CATALOGAÇÃO NA FONTE
SINDICATO NACIONAL DOS EDITORES DE LIVROS, RJ

B196c

Barbosa, Clementino

Os chamados de Deus : diretrizes espirituais para uma vida cristã impactante / Clementino Barbosa. - 1. ed. - Rio de Janeiro : Thomas Nelson Brasil, 2018.

224p. ; 23 cm.

ISBN 9788578604349

1. Cristianismo. 2. Vida cristã. 3. Fé. I. Título.

18-51350 CDD: 248.2
CDU: 27-587.7

Vanessa Mafra Xavier Salgado - Bibliotecária - CRB-7/6644

Thomas Nelson Brasil é uma marca licenciada à Vida Melhor Editora S.A.
Todos os direitos reservados à Vida Melhor Editora S.A.
Rua da Quitanda, 86, sala 218 – Centro
Rio de Janeiro – RJ – CEP 20091-005
Tel.: (21) 3175-1030

www.thomasnelson.com.br

Dedicatória

Em memória da minha estimada Haydée Ruth de Freitas Barbosa,
que foi um exemplo de esposa, mãe e serva do Senhor, e que foi
levada para a glória em 19 de dezembro de 2013.
Foram 56 anos de um casamento feliz e abençoado,
que trouxe ao mundo sete maravilhosos frutos:
Paulo Marcos, Sérgio Paulo, Jessé Enéias, Miriam Rute,
Jether Nereu, Jeser Nathan e Jeziel André.

*Bem-aventurados os mortos que desde agora morrem no Senhor. Sim,
diz o Espírito, para que descansem dos seus trabalhos,
e as suas obras os seguem.*
(Apocalipse 14:13)

SUMÁRIO

AGRADECIMENTOS

Eu não fazia ideia de que um livro se escrevia a tantas mãos. A produção deste aqui me ensinou muito sobre o que é um verdadeiro trabalho em equipe. Por isso, quero agradecer imensamente a muitas pessoas que tornaram este projeto uma realidade.

Em primeiro lugar e acima de tudo, quero agradecer ao meu Deus por esse privilégio de poder compartilhar com muitos crentes este conteúdo que certamente abençoará em muito aqueles que foram chamados para se tornar "um povo para o seu nome" (Atos 15:14)

Agradeço à editora Thomas Nelson Brasil, na pessoa de seu competente gerente editorial, Samuel Coto, pela oportunidade de publicar este livro.

Rendo agradecimentos ao pastor Aldo Menezes, que foi meu fiel editor e assessor teológico. Como é bom ter alguém para nos ouvir e nos acompanhar passo a passo na produção de um livro! Foram muitas entrevistas cedidas a ele no meu gabinete pastoral. Tudo o que aqui foi publicado é fruto do que, juntos, conversamos e partilhamos, sempre acompanhado de oração ao Senhor. Quem me conhece, sabe que tenho alguns dons e talentos, mas não nasci com o dom natural de escritor. Nessa hora, a Thomas Nelson Brasil não poderia ter me indicado outra pessoa a quem prezo para me ajudar nessa tarefa de colocar por escrito aquilo que Deus vem colocando há muito tempo em meu coração de pastor assembleiano e profundamente apaixonado pela Palavra de Deus, a Bíblia Sagrada.

Outro amigo de longa data a quem devo agradecer é ao doutor Paulo Romeiro, pastor da Igreja Cristã da Trindade e professor da Universidade Presbiteriana Mackenzie, cujo coração é pentecostal e assembleiano, como ele faz questão de dizer em todas as ocasiões. Obrigado, pastor Paulo, por aceitar prontamente ser o prefaciador deste livro. Para mim, é uma honra e um privilégio contar com seu apoio e sua amizade. Faço questão de seguir o que a Bíblia determina em Romanos 13:7: "Portanto, dai a cada um o que deveis: [...] a quem honra, honra".

Agradeço imensamente ao pastor Luciano, meu querido genro, por ter lido todo o manuscrito deste livro e contribuído com muitas sugestões e muitos aprimoramentos. Sua formação em Teologia e História foi de grande ajuda, além de suas observações perspicazes acerca de como pensa um pastor assembleiano. Este livro não seria o que é sem suas preciosas contribuições e seu olhar clínico.

Um muito obrigado afetuoso vai ao meu querido filho Jether por ler cada linha deste livro. Você conhece muito bem como pensa o seu pai e também contribuiu com valiosas observações e contribuições para que este livro fosse aprimorado e refletisse o que realmente penso dos assuntos aqui abordados. Na condição de pai orgulhoso de ter filhos tão abençoados, louvo a Deus por sua vida.

Por fim, quero agradecer a você, meu irmão e minha irmã em Cristo Jesus, que está lendo este livro. Obrigado por adquiri-lo. Que o Espírito Santo use a leitura desta obra para ajudar você em seu crescimento espiritual.

Rogo a Deus as mais copiosas bênçãos do céus sobre todos vocês em nome de Jesus. Amém!

PREFÁCIO

A igreja Assembleia de Deus surgiu no Brasil através de dois missionários suecos, Daniel Berg e Gunnar Vingren, que chegaram ao nosso país via Estados Unidos em 1910, em Belém do Pará. No ano seguinte, um pequeno grupo de fiéis liderados pelos missionários adotou o nome inicial de Missão da Fé Apostólica a fim de espalhar a mensagem pentecostal.

O crescimento foi vertiginoso, e o pentecostalismo tornou-se o maior segmento da comunidade evangélica no Brasil, sendo a Assembleia de Deus o seu representante numérico principal. Até os anos de 1950, os pentecostais não chamavam muito a atenção. Entretanto, a sua extraordinária expansão, uma presença crescente nos meios de comunicação e seu envolvimento com a política partidária deram ao movimento uma enorme visibilidade.

Eu mesmo passei por um processo de conversão à fé evangélica na Assembleia de Deus em São José dos Campos, SP, em 1971. A mensagem ouvida em todos os cultos era simples e impactante: "Você precisa receber a Cristo como o único e suficiente Salvador". Jesus Cristo era o nome pregado, exaltado e ensinado. A cura divina, as libertações, a mudança de vida e os dons espirituais dependiam dele e dele somente.

Conheci um pentecostalismo que beirava a inocência e a simplicidade expressadas pelo quebrantamento, lágrimas de alegria, pelas orações, pelo evangelismo, pelos jejuns e pelas vigílias. Foi nessa época que eu conheci vários líderes assembleianos que marcaram a denominação e a minha vida em particular.

Ainda na minha juventude, como pregador itinerante, cheguei à Assembleia de Deus do Brás, em São Paulo, Ministério de Madureira, através do pastor Perácio Grilli, e conheci o pastor Lupércio Vergniano. Não demorou muito e conheci também o pastor Clementino Barbosa. Nosso relacionamento se estreitou mais ainda depois que ele assumiu o pastorado da Assembleia de Deus de Guarulhos, com a qual eu já tinha uma história construída de vários anos.

Aproximar-me desse homem de Deus resultou em bênçãos para a minha vida e tem sido fonte de inspiração para o meu ministério. O seu dinamismo e sua disposição para realizar o trabalho do Senhor são contagiantes. Aos 89 anos de idade está prestes a inaugurar o novo templo da Assembleia de Deus em Guarulhos para cerca de três mil pessoas, um projeto que exigiu muito de seu tempo e energia. Seu espírito de empreendedorismo tem contribuído, e muito, para a expansão da obra de Deus. Por isso, tem sido uma fonte de inspiração para a minha vida espiritual, para todos ao seu redor e até para aqueles que o acompanham à distância devido a sua intrepidez e espírito incansável.

Tenho percebido a habilidade e a graça de Deus na vida do pastor Clementino para o desenvolvimento do ministério pastoral. É dotado de serenidade, é cuidadoso ao falar e afável no trato com as ovelhas. Sua vida é ajustada com as Sagradas Escrituras. É leal com os colegas da denominação e no trato com as pessoas em geral. Tornou-se também exemplo de esposo e pai.

É inabalável no sofrimento. Já vi o amado pastor sob o peso dos problemas e das decepções, contrariedades e muitas lutas advindas do cuidado das almas e do desafio de apascentar um rebanho numeroso formado de dezenas e dezenas de igrejas afiliadas. Em situações assim, não reclama, não acusa, não se ira, mas busca a solução do Senhor através da oração, sempre fundamentado na Palavra de Deus.

Este livro é fruto quase sessenta anos de vida ministerial, de convívio constante com a Bíblia Sagrada e com a prática da oração. Nele o pastor Clementino Barbosa trata a respeito dos diversos chamados na vida do crente que o ajudarão a crescer no relacionamento com Deus e no serviço cristão. Os chamados para crer e arrepender-se, para orar, para a santificação e o testemunho, para uma vida de serviço a Deus e ao próximo e para perseverar até o fim são ingredientes indispensáveis para uma caminhada cristã impactante e vitoriosa, são tratados, separadamente, em vários capítulos.

Esta obra é farta de suas experiências com Deus, com o sobrenatural que produziram e produzem muitos milagres de conversões, de cura divina, de libertações e expressam a sua fé pentecostal. O papel das músicas ou dos hinos na conversão, no crescimento e na edificação dos fiéis não foi esquecido. Não tenho dúvidas de que foi escrita não para construir sua própria reputação, mas para a glória de Deus. Estou certo de que os obreiros e os adeptos do pentecostalismo em geral serão grandemente favorecidos com a leitura deste livro.

PAULO ROMEIRO,
Pastor fundador e presidente da Igreja Cristã da Trindade em São Paulo
Doutor em Ciências da Religião
Professor do Curso de Teologia da Universidade Presbiteriana Mackenzie

Introdução

Se existe uma coisa da qual não tenho dúvida é o fato de saber que Deus existe e que fui chamado por ele para nele crer, me arrepender de meus pecados, viver uma vida santa, orar, testemunhar, servir, dar frutos e perseverar na fé e nas práticas cristãs. Essa é uma certeza que me acompanha desde muito tempo. Essa convicção do chamado divino traz consequências positivas para a jornada cristã: sabemos que não estamos aqui por acaso; nossa vida tem um propósito, e esse propósito é determinado por um Deus que se revelou a nós por meio de sua Palavra escrita, a Bíblia, e de sua Palavra encarnada, Jesus Cristo, o Verbo Eterno.

Aos 89 anos de existência, ainda vivo intensamente à luz dessa firme convicção, que não é apenas intelectual, mas, sobretudo, vivencial. Com "temor e tremor", experiencio Deus na minha vida diária, e isso desde a minha conversão, que ocorreu em junho de 1959. Tenho quase sessenta anos de vida cristã e sei que o Deus que me chamou ainda tem planos para minha vida, e estou aberto à sua soberana vontade. Que o Deus que me chamou das trevas para sua maravilhosa luz continue a me dar a mesma disposição do profeta Isaías que, diante do chamado divino — "A quem enviarei, e quem há de ir por nós?" — declarou: "Eis-me aqui, envia-me a mim" (Isaías 6:8). Esse ainda é o estado de espírito e prontidão que Deus espera de cada um daqueles a quem ele chamou para a salvação em Cristo Jesus.

Este livro foi escrito com o objetivo de partilhar com a família de Deus esta firme convicção que carrego inabalavelmente no coração: cada um de nós precisa ouvir e aceitar os *vários* chamados de Deus para nossa vida e perseverar até o fim nessa empreitada. Trata-se de um projeto para a vida toda. "Porque", nas palavras do apóstolo Paulo, "nenhum de nós vive para si mesmo, e nenhum morre para si. Porque, se vivemos, para o Senhor vivemos; se morremos, para o Senhor morremos. De sorte que, ou vivamos ou morramos, somos do Senhor" (Romanos 14:7-8).

Talvez você esteja se perguntando: "*Vários* chamados"? Sim, foi isso mesmo que você leu no parágrafo anterior. Não existe apenas um chamado de Deus para o cristão, mas diversos. À luz da Bíblia, quero compartilhar com você acerca desses múltiplos chamados divinos para a nossa vida. Esta é a razão de ser deste livro.

Mas antes de tratar dos vários tipos de chamados divinos para nossa vida, quero falar do Deus que chama. Há muita gente que afirma crer em Deus. Existem muitas religiões espalhadas por aí que alegam ter em Deus a fonte de sua existência. Muitos se dizem chamados por ele para uma missão especial neste mundo. Há os que morrem em nome dele e matam por ele. No entanto, quando falam em "Deus" não estão falando do Deus da Bíblia, daquele que se revelou corporalmente em Jesus de Nazaré. Não basta dizer, portanto, que foi chamado por Deus. É preciso ter certeza de que aquele que chamou é o verdadeiro Deus. Quem é ele? Como ele se deu a conhecer à humanidade? Quem são seus profetas? Que livro inspirou? Quão perto ele chegou de cada um de nós? Quais são seus planos para nossa vida? Ele realmente se importa conosco, com o que vemos, com o que pensamos, como vivemos? Dedicaremos o capítulo 1, "O Deus que chama", a essas questões, e para isso recorreremos ao discurso de Paulo no Areópago da cidade grega de Atenas, registrado em Atos 17.

Em "Chamados para crer", título do capítulo 2, veremos que esse é o primeiro grande chamado de Deus. Ele quer ser crido. Ele deseja ser conhecido por aqueles a quem criou. E não se trata apenas de um conhecimento de ordem intelectual, mas relacional. O Criador quer se relacionar com sua criatura. Apesar de sua transcendência, ele é um Deus imanente. Mas até onde Deus está disposto a ir para que creiamos nele? Ele seria capaz de nos obrigar a aceitar o chamado para crer nele? Embora esse não seja um capítulo para pôr mais lenha na fogueira entre arminianos e calvinistas, a abordagem tentará mostrar que o Deus da Bíblia deseja "que todos os homens sejam salvos, e venham ao conhecimento da verdade" (1Timóteo 2:4). Deus, sendo um cavalheiro, convida o pecador a ouvir seu chamado e a responder a ele voluntariosamente. Uma vez que aquele que é chamado diga "sim", sua vida nunca mais será a mesma. Deus ganha um filho regenerado, e o pecador ganha um Pai e bênçãos celestiais impagáveis e inimagináveis. Tudo isso torna o convite praticamente irresistível.

Ao aceitar o convite para crer, nos sentiremos compelidos a outro chamado decorrente deste: o arrependimento. Infelizmente, essa palavra tem sido negligenciada no atual arraial evangélico — até porque falar de arrependimento implica tratar de pecado, outra palavra que soa desagradável aos ouvidos modernos. Muitos egos têm sido massageados para não se sentirem constrangidos a mudar de vida diante das exigências do evangelho da graça de Deus. Prega-se atualmente um evangelho sem mudança de vida, como se o chamado de Deus fosse apenas o convite para uma adesão intelectual, e não para uma entrega total e incondicional a um estilo de vida condizente com o chamado feito. O capítulo 3, "Chamados para se arrepender", atesta uma grande verdade professada pelo escritor C. S. Lewis: "Se você está à procura de uma religião que o deixe confortável, definitivamente eu não lhe aconselharia o cristianismo". "Arrependei-vos" ainda é um mandamento válido.

Isso nos levará inevitavelmente ao capítulo 4, "Chamados para uma vida santa". O "Sede santos porque eu sou santo" não pode ser apenas uma frase de efeito — ela precisa virar realidade em nossa vida.

Mas também precisamos tomar o cuidado de não cairmos no erro de virarmos "santarrões" e não confundir santidade bíblica com santidade farisaica. A noção bíblica e equilibrada de santidade nos dará um direcionamento adequado para uma vida que reflita no dia a dia o caráter de Jesus.

O capítulo 5, "Chamados para orar", é de especial importância para mim. A prática da oração como instrumento de crescimento espiritual deve ser enfatizada em nosso meio. Infelizmente, os cultos de oração andam às moscas em muitas comunidades evangélicas, até mesmo no meio pentecostal, que tradicionalmente era conhecido por seu zelo nessa área da espiritualidade cristã. O povo de Deus já não ora como antigamente, e digo isso com certa tristeza. A negligência a essa prática tem levado a um esfriamento espiritual sem precedentes. Muito falam em avivamento, mas não querem pagar o preço de dedicar horas falando com Deus, derramando-se em sua presença. Enquanto a oração ainda for vista como mais uma parte de uma liturgia proforma, e não como uma necessidade diária da alma, continuaremos a ter gerações que oram, mas que não se conectam realmente com o Deus que ouve orações. O chamado à oração deve ser uma constante na vida de todos os cristãos, e sobretudo na vida do líder, do pastor de ovelhas. Exploraremos neste capítulo a importância da oração na vida cristã em geral.

Uma passada de olhos na TV nos levará a um infindável número de canais evangélicos repletos de testemunhos, muitos dos quais estão mais relacionados a coisas materiais que a pessoa conquistou por ter posto o poder da fé em prática. Esse é o peso do testemunho nos dias atuais. Eles se concentram nas bênçãos recebidas, mas não no Senhor das bênçãos. As coisas concedidas parecem mais importantes que aquele que as concede. Nada mais parecido com o antigo "Eu era cego, e agora vejo". Os valores estão às avessas. O que Deus realmente deseja que testemunhemos? O capítulo 6, "Chamados para testemunhar", analisa o poder e o impacto que o testemunho cristão deve causar neste mundo para além das bênçãos puramente materiais. Precisamos realinhar nosso testemunho com a vontade de Deus nesse quesito.

A vida cristã é e deve ser uma vida de serviço a Deus e ao próximo. Pelo menos foi o que aprendemos com Jesus. Fomos chamados para servir, mas muitos, impregnados pelo espírito individualista, inverteram a lógica divina e querem ser servidos. Nosso objetivo no capítulo 7, "Chamados para servir e dar frutos", é abordar o valor do chamado ao serviço e à produção de frutos para que o cristão seja cada vez mais parecido com Jesus, nosso supremo exemplo de serviço a Deus e ao próximo. Devemos ter uma vida cristã produtiva, repleta de boas obras, conforme Jesus declarou aos discípulos em João 15. Os frutos da vida cristã revelam o tipo de árvore que somos. Ninguém quer ser uma árvore pobre e infrutífera. Isso deve nos levar a refletir sobre que tipo de fruto, como ramos, temos produzido para Deus tanto na igreja quanto na sociedade. Essa avaliação deve nos levar a aprimorar nosso serviço e nossa produtividade espiritual. Muitos temem tratar desse assunto, pois veem nele uma espécie de oposição à salvação pela graça. Mas, como veremos, produzir frutos é um mandamento divino para nossa vida, e não o fazemos porque queremos ser salvos, mas porque somos salvos. Quem foi chamado para crer também foi chamado para servir e dar frutos e viver uma vida rica em boas obras, seja na igreja, seja na sociedade.

Encerrando essa lista de chamados, o capítulo 8, "Chamados para perseverar", é uma exortação para que nos mantenhamos na força e no poder do Espírito Santo mesmo em meio às muitas provações e aflições pelas quais passamos ou venhamos a passar. Não é fácil ser cristão quando temos de lutar sempre contra o mundo, a carne e o Diabo. O tempo todo somos empurrados para longe de Deus e sua vontade, de seus chamados para nossa vida. Estamos em guerra espiritual constante. Muitos, infelizmente, acabam se cansando da batalha e entregam suas armas, rendendo-se ao Inimigo de nossas almas. Mas o chamado à perseverança deve nos motivar a continuar a luta na vida para a qual Deus nos chamou. Não se canse. Não desanime. Não perca a fé. E ainda que passemos por tudo isso, saiba que ainda há esperança em meio ao caos que venha a se instalar em nossa vida. Para nos ajudar a desenvolver esse assunto, faremos uma breve exposição da Carta aos Hebreus, que nos oferece orientações valiosas para esses momentos em que pensamos em desistir de perseverar na fé, demostrando o valor prático de nos dedicarmos à leitura e meditação da Bíblia, a Palavra de Deus. Também analisaremos a "armadura de Deus" (Efésios 6:13-17) com a qual podemos resistir às investidas de Satanás contra a nossa fé. O contato direto e constante com a Palavra — que "é divinamente inspirada, e proveitosa para ensinar, para redarguir, para corrigir, para instruir em justiça; para que o homem de Deus seja perfeito, e perfeitamente instruído para toda a boa obra" (2Timóteo 3:16-17) — nos manterá na dinâmica dos demais chamados, pois sua leitura sempre nos remeterá à necessidade de nos mantermos fiéis àquele que nos chamou para crer, ao arrependimento, a uma vida santificada, de oração, de testemunhos, de serviço e boas obras e de perseverança na fé.

Na "Conclusão" deste livro, intitulada "Deus chama. Você o ouve?" — apresentaremos uma exortação para que mantenhamos nossos ouvidos atentos à vontade de Deus. Ele nos chama diariamente. Ele fala conosco de diversas formas. Ele sempre está tentando nos colocar no caminho que ele mesmo trilhou para nós e que, por vezes, insistimos em nos desviar. Mas Deus nunca desiste de nós, ainda que queiramos desistir dele. Ele nos chamará até o último dia, pois ele espera que nossos ouvidos estejam atentos a dar ouvidos à sua voz. Ouvi-lo significa vida, e vida em abundância. E só podemos desfrutar essa qualidade de vida se abrirmos nossos ouvidos para ouvir a voz suave de Deus em nossa vida.

Meu desejo é que após a leitura deste livro sua vida cristã seja renovada pelo poder do Espírito Santo. Se por acaso e por alguma razão seus ouvidos estiverem impedidos de ouvir atentamente a voz do Senhor, que esses estorvos sejam retirados em nome de Jesus; que seus ouvidos tenham plena capacidade de ouvir os chamado de Deus; que você reconheça que Deus não apenas existe, mas que ele fala conosco e deseja um relacionamento íntimo e profundo, e que sua vida seja profundamente impactada por esse relacionamento. O desejo do coração de Deus é que nossa vida desenvolva ao máximo todo o potencial que ele planejou para nós, e esse máximo implica em que ele almeja que sejamos exatamente como Jesus, seu Filho Amado.

Oro para que, toda vez que Deus o chamar, você possa dizer como o jovem Samuel: "Fala, SENHOR, porque o teu servo ouve" (1Samuel 3:9).

Você agora está sendo chamado para ler do primeiro ao último capítulo deste livro.

Boa leitura!

1

O Deus que chama

Ora, sem fé é impossível agradar-lhe; porque é necessário que aquele que se aproxima de Deus creia que ele existe, e que é galardoador dos que o buscam. (Hebreus 11:6)

Porque [Deus] faz que o seu sol se levante sobre maus e bons, e a chuva desça sobre justos e injustos. (Mateus 5:45)

Esta é uma verdade fortemente revelada nas Escrituras: Deus existe e se relaciona o tempo todo com sua criação. Esse relacionamento é tão grande que ele se alegra em estabelecer planos de vida para suas criaturas. Apesar de ser perfeito e absoluto e de não depender de nada nem de ninguém, Deus também está inseparavelmente ligado por laços afetivos àqueles a quem criou. Ele se importa de verdade com a sua criação. Deus não faz de conta que nos ama. Ele nos ama verdadeiramente. Por isso, o Criador se revela a quem ama e intervém quando lhe apraz a favor dos seus, o que é grandemente atestado ao longo da Palavra.

Essa é uma verdade óbvia, mas que não é partilhada por todos. Há uma corrente de pensamento, que a meu ver é coisa do Diabo, chamada "deísmo". O teólogo pentecostal Myer Pearlman (1898-1943), um judeu que se converteu a Cristo, definiu o deísmo desta forma:

> O deísmo admite que haja um Deus pessoal, que criou o mundo, mas insiste que, depois da criação, Deus o abandonou para que fosse governado pelas leis naturais. Em outras palavras, ele deu corda ao mundo, como quem dá corda a um relógio, e depois o abandonou sem dedicar mais nenhum cuidado a ele. Dessa maneira, não seria possível haver nenhuma revelação e nenhum milagre.[1]

Eles misturam uma verdade acompanhada de uma mentira. A verdade é: Deus existe. Nesse caso, concordamos plenamente com essa crença, que é amplamente confirmada pelas Escrituras: "Antes que os montes nascessem, ou que tu formasses a terra e o mundo, mesmo de eternidade a eternidade, tu és Deus" (Salmos 90:2). Para os deístas, no entanto, o Deus que criou todas as coisas simplesmente se ausentou depois de criá-las. Ele estabeleceu leis matemáticas precisas que regeriam a humanidade e, uma vez tendo concluído sua tarefa criativa, deu-se por satisfeito, sentindo-se realizado. Depois disso, simplesmente desapareceu do cenário, deixando a humanidade entregue a si mesma e sem a possibilidade de recorrer a ele. Os seres humanos que se virem com as leis que dele recebeu. E se algo viesse a dar errado, não adiantaria chorar, orar e implorar pela intervenção do Criador — ele simplesmente não interferiria. Para os deístas, ele é o Deus que não está nem aí para a sua criação. Eles exageram tanto a questão da superioridade divina em relação à criação que fazem dele um ser completamente distante e insensível.

Que tristeza! Acreditar num Deus assim ou não acreditar em Deus dá praticamente no mesmo. Felizmente, o Deus da Bíblia é muito diferente do deus dos deístas, como destacou o irmão Myer Pearlman:

---

[1] *Conhecendo as doutrinas da Bíblia*, p. 64.

> As Escrituras ensinam duas importantes verdades concernentes à relação de Deus para com o mundo: 1) sua *transcendência*, que significa sua separação do mundo e do homem e sua exaltação sobre eles [Isaías 6:1]; 2) sua *imanência*, que significa sua presença no mundo e sua aproximação do homem [Atos 17:28; Efésios 4:6]. [...] As Escrituras apresentam a ideia verdadeira e equilibrada: Deus, de fato, está separado do mundo e acima do mundo; por outro lado, ele está no mundo. Ele enviou seu Filho para estar *conosco*, e o Filho enviou o Espírito Santo para estar *em* nós. Dessa maneira, a doutrina da Trindade evita os dois extremos. À pergunta: "Deus está separado do mundo ou está no mundo?", a Bíblia responde: "Ele está tanto separado do mundo quanto também está no mundo."[2]

É sempre bom ouvir as palavras sábias de homens de Deus, mas é muito melhor ouvir diretamente o próprio Deus através de sua Palavra, a Bíblia Sagrada. Eu não sou teólogo de formação, mas leio a Bíblia desde que me converti em 1959, e posso garantir que estas palavras do profeta Jeremias nos ajudam a entender plenamente essa questão:

> Porventura sou eu Deus de perto, diz o Senhor, e não também Deus de longe? Esconder-se-ia alguém em esconderijos, de modo que eu não o veja? Diz o Senhor. Porventura não encho eu os céus e a terra? Diz o Senhor. Tenho ouvido o que dizem aqueles profetas, profetizando mentiras em meu nome, dizendo: Sonhei, sonhei. Até quando sucederá isso no coração dos profetas que profetizam mentiras, e que só profetizam do engano do seu coração? (Jeremias 23:23-26)

Quem, além do próprio Deus, poderia se definir de forma perfeita? Ele mesmo afirma que é tanto "Deus de longe" (o que os teólogos chamam de "transcendente"), quanto "Deus de perto" (o que os mesmos estudiosos denominam "imanente"). Eu vou preferir usar as

---

[2] *Conhecendo as doutrinas da Bíblia*, 64-65.

expressões tiradas diretamente da Bíblia: como "Deus de longe", ele enche os céus e a terra, pois é poderoso para fazê-lo. Mas ele também observa atentamente a sua criação, pois ele é "Deus de perto". O pastor e teólogo assembleiano Esequias Soares destaca esta verdade presente em Jeremias 23:24:

> Não há barreira nem limite na natureza do Todo-Poderoso. A sua infinitude é a base dos atributos da eternidade e da imensidade. Ele é infinito e, ao mesmo tempo, pessoal. Essa característica é peculiar ao Deus revelado na Bíblia. Sua imensidade diz respeito ao espaço; Ele transcende a todo o espaço do Universo. Neste não há um único lugar onde alguém possa se esconder do Senhor.[3]

Assim, o Senhor que enche os céus e da terra ouve o que as pessoas dizem — seja verdade, seja mentira —, e não apenas ouve o que se diz, mas também ele sabe o que se passa no coração das pessoas. Apenas um Ser como Deus é capaz de tamanha proeza! Ele é o Deus desse vastíssimo Universo, mas conhece como ninguém as profundezas do coração humano. O saudoso teólogo inglês John Stott (1921-2011) resumiu isso muito bem:

> Deus, o Criador, é o Senhor de sua Criação. Ele não abdicou de seu trono. Ele governa aquilo que criou. Nenhum cristão pode ter uma visão mecanicista da natureza. O Universo não é uma máquina que opera por meio de leis inflexíveis, e, tampouco, Deus fez leis às quais ele se encontra agora escravizado... Ele está vivo e age em seu Universo...[4]

É uma pena que tantas pessoas desconheçam a grandiosidade do Deus da Bíblia ou que enfatizem um aspecto de sua natureza a ponto

---

[3] *Teologia sistemática pentecostal*, p. 27.

[4] *Cristianismo autêntico: 986 textos selecionados das obras de John Stott*, compilação de Timothy Dupley, p. 27.

de ignorar ou negar outros aspectos igualmente verdadeiros e importantes, como no caso dos deístas que negam o fato de o Criador ser "Deus de perto" ao mesmo tempo que supervalorizam o fato de ele ser "Deus de longe". É preciso evitar os extremos e ficar com a verdade clara ensinada pelas Escrituras: "[Deus] está tanto separado do mundo ['Deus de longe'] como também está no mundo ['Deus de perto']".[5]

DEUS "NÃO ESTÁ LONGE DE CADA UM DE NÓS"

O apóstolo Paulo toca um pouco nesses extremos ao falar com os habitantes da cidade grega de Atenas. O famoso discurso de Atos 17 é uma pérola de conhecimento sobre o ser e a natureza de Deus, que vale a pena ler e analisar à luz dessa temática do Deus que chama.

A ida de Paulo a Atenas ocorreu durante a segunda viagem missionária, entre os anos 50 e 54 do primeiro século da era cristã, e está registrada em Atos 15:40 a 18:2a.[6] Lucas relata que enquanto Paulo esperava a chegada de Silas e Timóteo, que se juntariam a ele em seu ministério, o espírito de Paulo "se agitava em si mesmo, vendo a cidade tão entregue à idolatria" (Atos 17:15-16). Os gregos eram, de fato, bastante politeístas, isto é, adoravam vários deuses. A lista é imensa. Em seu livro *Janelas do Novo Testamento*, o saudoso pastor batista renovado Enéas Tognini citou uma pesquisa que apontava "a existência de 30 mil deuses em Atenas."[7] Isso talvez explique por que muitos atenienses achavam que Paulo fosse "pregador de deuses estranhos; porque lhes

---

[5] Myer Pearlman, *Conhecendo as doutrinas da Bíblia*, p. 65.

[6] A primeira viagem ocorreu entre os anos 46 a 48, e está relatada em Atos 13:2 a 14:28; a terceira, entre 54 e 57, relatada em Atos 18:23b a 21:17; e quarta e última viagem abrangeu os anos de 62 a 66, antes de sua execução em 67, na cidade de Roma. Para mais informações, leia a "Cronologia paulina" apresentada por Enéas Tognini (1914-2015) e João Marques Bentes no excelente livro *Janelas para o Novo Testamento*, p. 369-408.

[7] P. 390.

anunciava a Jesus e a ressurreição" (Atos 17:18). Aqui temos um dado curioso apontado pelo *Comentário bíblico pentecostal*:

> Outros filósofos em Atenas afirmam que Paulo prega "deuses estranhos", porque ele prega Jesus e a ressurreição (incluindo não só a ressurreição de Jesus, mas também a esperança da ressurreição dos mortos para a vida eterna). Esta acusação indica que os filósofos pensam que ele está falando sobre duas deidades: Jesus e *Anastasis* (*anastasis* é a palavra grega para "ressurreição").[8]

Pelo que o *Comentário bíblico pentecostal* dá a entender, a palavra *anastasis* soou aos ouvidos dos gregos como um nome de mulher. Assim, muitos deles ao ouvirem Paulo pregar sobre Jesus e "Anastasis" pensavam tratar-se de um casal de deuses, o que era muito comum na religião grega (os deuses casavam-se e eram dados em casamento).

Os deuses gregos eram, na verdade, feitos à imagem e semelhança dos homens, com todas as suas virtudes e todos os seus defeitos. Podiam ser bons, mas também podiam ser bem vingativos caso se sentissem ofendidos por não terem, por exemplo, uma estátua em sua homenagem. É a partir desse ponto que o apóstolo Paulo passa a conversar com os atenienses no Areópago (Colina de Ares), um espaço público para debates e troca de ideias. Paulo começa seu discurso desta forma:

> Homens atenienses, em tudo vos vejo como sendo um tanto supersticiosos; porque, passando eu e vendo os vossos santuários, achei também um altar em que estava escrito: AO DEUS DESCONHECIDO. Esse, pois, que vós honrais, não o conhecendo, é o que eu vos anuncio. (Atos 17:22-23)

Aquela imagem idolátrica nada mais era do que um recurso para acalmar divindades iradas que não se sentiam devidamente

[8] Editado por Franch L. Arrington e Roger Stronstad, membros da comissão editorial da *Bíblia de estudo pentecostal*, p. 728.

representadas ou homenageadas, como afirma o *Comentário bíblico pentecostal*:

> Os gregos comumente dedicavam altares a deuses desconhecidos por medo de negligenciar um deus que ficaria ofendido. O altar a um deus desconhecido era um tipo de "seguro" para se precaver do julgamento de um deus que exigisse atenção sobre quem eles nada sabiam.[9]

Dependendo do temperamento de cada divindade, talvez elas lançassem pragas e maldições contra a cidade. Isso revela que a noção de divindades muito próximas, ou "deuses de perto", era bem presente entre os gregos. Os deuses, mesmo tendo seus próprios mundos, também visitavam a terra e até mesmo se disfarçavam de homens e viviam entre eles. Para agradá-los, os gregos confeccionavam imagens e cuidavam delas como se prestassem adoração ao próprio ser nelas representado. Eles construíam templos para que a imagem pudesse habitar e lhe serviam comidas e bebidas, a fim de alimentar a divindade com a essência de vida que emanava dos mantimentos. Como podemos observar, os gregos exageravam na sua concepção de quão os deuses eram próximos dos seres humanos. Eles eram o oposto dos deístas, que extrapolavam o conceito de um "Deus de longe", extremamente distante e indiferente.

O discurso de Paulo objetivava corrigir esses equívocos tão comuns entre os gregos. E para atingir esse objetivo, ele usou a imagem "AO DEUS DESCONHECIDO" como uma ponte para falar do verdadeiro Deus àqueles idólatras. Antes de prosseguir, seria bom um esclarecimento para evitar a acusação de que Paulo estava misturando paganismo com cristianismo:

> Obviamente Paulo não está tentando estabelecer uma conexão direta entre o deus desconhecido e o verdadeiro Deus, mas ele usa a inscrição do altar como meio para começar a falar aos atenienses sobre o Deus

[9] P. 729.

vivo, o Criador— excelente estratégia para não ofender a sensibilidade pagã.[10]

Feito o esclarecimento, vamos continuar. Para começo de conversa, o apóstolo Paulo destaca o fato de o Criador, o Todo-poderoso, ser "Deus de longe":

> O Deus que fez o mundo e tudo que nele há, sendo Senhor do céu e da terra, não habita em templos feitos por mãos de homens; nem tampouco é servido por mãos de homens, como que necessitando de alguma coisa; pois ele mesmo é quem dá a todos a vida, e a respiração, e todas as coisas, e de um só sangue fez toda a geração dos homens, para habitar sobre toda a face da terra, determinando os tempos já dantes ordenados, e os limites da sua habitação. (Atos 17:24-26)

As frases "O Deus que fez o mundo e tudo que nele há" e "Senhor do céu e da terra" mostram o quanto o Criador se diferencia da sua criação e é superior a ela, o que também é mostrado pelo fato de ele não necessitar de nada: nem de habitação feita por homens nem de qualquer coisa para mantê-lo vivo (como oferendas em forma de alimentos), pois ele é a fonte da vida. Esse Deus não depende de nada daqueles a quem ele criou; ao contrário, são os homens que dependem dele para tudo, até para respirar; e se a humanidade tem um lugar para morar, isso também se deve à soberana vontade de Deus. Quem recebeu de Deus um lugar para habitar não pode lhe oferecer nenhum tipo de espaço físico, pois ele é infinitamente maior que o universo criado. Em outras palavras: Deus é totalmente independente de nós, e nós somos totalmente dependentes de Deus.

Na sequência, o apóstolo Paulo então mostra que esse ser distinto e superior é também "Deus de perto". Os homens foram postos na terra "para que buscassem ao Senhor, se porventura, tateando, o pudessem

---

[10] *Comentário bíblico pentecostal*, p. 729.

achar; ainda que não está longe de cada um de nós" (Atos 17:27). Deus pode ser achado. E mais do que isso: ele quer ser achado; ele quer ser buscado. Essa é uma realidade acessível a todos os que foram criados, pois Paulo declara aos idólatras atenienses que o Deus por ele anunciado "não está longe de cada um de nós". Esse "de cada um de nós" é significativo: Deus lida com cada ser humano de forma individual, e a maior prova da proximidade de Deus e de sua ligação conosco é o fato de estarmos vivos: "Porque nele vivemos, e nos movemos, e existimos" (Atos 17:28).

Paulo então desfere um duro golpe contra a indústria de confecção de imagens usadas para representar o Deus de perto e de longe: "Sendo nós, pois, geração de Deus, não havemos de cuidar que a Divindade seja semelhante ao ouro, ou à prata, ou à pedra esculpida por artifício e imaginação dos homens" (Atos 17:29). O argumento de Paulo pode ser reescrito desta forma: quando criamos uma imagem de Deus, estamos criando Deus segundo aquilo que imaginamos; mas, sendo criaturas de Deus, não podemos ser o criador dele; assim, é inútil fabricar deuses e adorá-los. Apenas o Criador deve ser crido, adorado e servido.

No versículo 30, Paulo declara que esse mesmo Deus — de perto e de longe — não levará em conta "os tempos da ignorância"; no entanto, aos que tomam ciência do verdadeiro Deus lhes cabe uma atitude: "que se arrependam". À luz dessas palavras, aprendemos que Deus não quer ser adorado de qualquer modo, mas da maneira correta, e a atitude correta quem determina é ele, o Criador e Senhor do céu e da terra. Deus não quer apenas adoradores, mas "verdadeiros adoradores". O que não falta no mundo são adoradores espalhados por milhares de religiões e seitas. Os hindus, por exemplo, adoram milhares de deuses, os muçulmanos adoram um só deus, mas que não é o Deus da Bíblia: o Pai, o Filho e o Espírito Santo, e eles até chamam de infiéis os que creem na doutrina da Trindade, um dos pilares da fé evangélica. Não basta ser, portanto, adorador; é preciso ser um verdadeiro adorador.

Isso nos remete inevitavelmente à conversa de Jesus com uma samaritana, registrada em João 4. Os samaritanos falavam em Deus e o adoravam no monte Gerizim; eles tinham Moisés em alta consideração e só aceitavam os cinco primeiros livros de Moisés ou o Pentateuco (que também foi modificado por eles em vários trechos) como Escritura inspirada por Deus. Apesar desse histórico de religiosidade sincera, Jesus não passou a mão na cabeça da samaritana nem a deixou no erro quanto à verdadeira forma de adorar a Deus. Jesus não advogava a ideia errônea segundo a qual todos os caminhos levam ao Altíssimo. Longe disso! O Filho de Deus foi mais do que direto com aquela falsa adoradora: "Vós adorais o que não sabeis". Em outras palavras, ele disse: "A adoração de vocês, samaritanos, é errada e é baseada num falso conhecimento de Deus". Em seguida, Jesus aponta o caminho correto:

> Mas a hora vem, e agora é, em que os verdadeiros adoradores adorarão o Pai em espírito e em verdade; porque o Pai procura a tais que assim o adorem. Deus é Espírito, e importa que os que o adoram o adorem em espírito e em verdade. (João 4:22-24)

Jesus disse uma palavra dura, mas o fez com amor. A samaritana precisava ouvir a verdade e abandonar sua forma errada de adorar a Deus. À semelhança dos atenienses, ela precisava se arrepender e adorar a Deus da forma correta — e a forma correta é determinada pelo adorado, e não pelo adorador. Ainda que haja sinceridade na adoração, isso em nada vai mudar o erro e torná-lo aceitável diante de Deus. Persistir em adorar a Deus da forma errada trará juízo condenatório aos falsos adoradores, como o próprio Paulo declarou aos atenienses:

> Mas Deus, não tendo em conta os tempos da ignorância, ordena agora a todos os homens, e em todo o lugar, que se arrependam; porquanto tem determinado um dia em que com justiça há de julgar o mundo, por meio do homem que destinou; e disso deu certeza a todos, ressuscitando-o dentre os mortos (Atos 17:30-31).

O Juiz designado por Deus para julgar a humanidade não é nenhum dos deuses do vasto conjunto de divindades adoradas pelos gregos. O eleito de Deus é Jesus de Nazaré, aquele que morreu na cruz do Calvário e ressuscitou vitorioso do mundo da morte ao terceiro dia. Descrer do único caminho ou meio de salvação designado por Deus é condenar-se a si próprio à perdição eterna, juntamente com Satanás e seus demônios. Infelizmente, muitos atenienses escarneceram da mensagem pregada por Paulo; outros optaram por pensar melhor no assunto mais tarde (Atos 17:32), o que também é arriscado, pois a procrastinação pode levar a uma situação na qual será tarde demais a fim de se voltar para Deus e receber dele a salvação em Cristo Jesus. A ordem bíblica é clara:

> Buscai ao Senhor enquanto se pode achar, invocai-o enquanto está perto. Deixe o ímpio o seu caminho, e o homem maligno os seus pensamentos, e se converta ao Senhor, que se compadecerá dele; torne para o nosso Deus, porque grandioso é em perdoar (Isaías 55:6-7).

Felizmente, alguns atenienses deram ouvidos à palavra pregada por Paulo: "Todavia, chegando alguns homens a ele, creram; entre os quais foi Dionísio, areopagita, uma mulher por nome Dâmaris, e com eles outros" (Atos 17:34). Em meio a tantos falsos adoradores, Deus resgatou, por meio do ministério de Paulo, aqueles que se arrependeram a atenderam ao seu chamado ao arrependimento. O próprio apóstolo Paulo, anos antes, havia passado pela mesma experiência que aqueles atenienses. Ele mesmo teve uma experiência direta com o Deus que chama, como veremos a seguir.

O DEUS QUE CHAMA

A noção de um Deus que chama não era uma novidade para o apóstolo Paulo. Sendo judeu e da escola dos fariseus, ele conhecia muito bem as Escrituras. O texto de Jeremias 23:23-26 — em que o Senhor se declara como Deus de perto e de longe — devia ser familiar para ele. Paulo também conhecia os vários chamados de Deus ao longo da história do seu povo, sendo o principal deles o chamado de Abraão:

> Ora, o SENHOR disse a Abrão: Sai-te da tua terra, da tua parentela e da casa de teu pai, para a terra que eu te mostrarei. E far-te-ei uma grande nação, e abençoar-te-ei e engrandecerei o teu nome; e tu serás uma bênção. E abençoarei os que te abençoarem, e amaldiçoarei os que te amaldiçoarem; e em ti serão benditas todas as famílias da terra. (Gênesis 12:1-3)

A saga da nação de Israel, o povo ao qual pertencia o apóstolo Paulo, começa com um chamado divino. O primeiro patriarca do povo hebreu foi tirado de uma terra idólatra, Ur dos Caldeus, para peregrinar na Terra Prometida. A despeito dos momentos de incerteza e insegurança de Abraão, além de suas muitas fraquezas, Deus manteve-se sempre fiel ao seu chamado e cumpriu sua promessa ao dar a Abraão um filho, Isaque, aos 100 anos de idade — um milagre, na verdade, pois Sara, a mulher de Abraão, então com 90 anos, já havia perdido a capacidade de gerar filhos (o Deus que chama também é Deus de milagres, até mesmo nos dias de hoje!).

Sendo o Deus de Abraão, Isaque e Jacó, ele conduziu os descendentes de Abraão a formar uma grande nação, tão numerosa que chegou a se tornar uma ameaça ao poderoso Império Egípcio, o que culminou em mais de 400 anos de escravidão. Depois de tantos sofrimentos em terra estrangeira, Deus chamou Moisés, aos 80 anos de vida, para libertar os israelitas da escravidão no Egito e fez dele o maior de todos os líderes que Israel já teve e por meio do qual outorgou a Lei ao seu povo no monte Sinai.

Após a morte de Moisés, Deus chamou Josué para liderar o povo a fim de que os israelitas tomassem posse da Terra Prometida, até então nas mãos dos idólatras e ímpios cananeus. A incursão militar foi um sucesso e Israel se instalou na terra que Deus havia prometido ao patriarca Abraão. O Deus que chama cumpre sua palavra. Sempre.

No entanto, os israelitas não cumpriam sua parte na aliança com Deus, e sempre se desviavam para outros deuses, abandonando o verdadeiro Deus, trazendo sobre a nação ferrenha perseguição e ameaça por parte das nações inimigas, como os moabitas, midianitas e, sobretudo, os filisteus. Mesmo assim, Deus jamais desistiu de seu povo, e chamou juízes para libertar os israelitas da dominação de seus ferrenhos algozes. A lista é grande: Otniel, Eúde, Débora, Gideão, Jefté, Sansão e muitos outros.

Findo o período dos juízes, Deus chama reis para governarem seu povo; desses, Davi, o segundo monarca, destaca-se como o homem segundo o coração de Deus (Atos 13:22), e o Senhor elege sua família para trazer o Messias ao mundo, o Rei dos Reis e Senhor dos Senhores, o descendente de Abraão que abençoaria todas as nações.

Jesus, o Messias, veio no tempo determinado por Deus e nasceu de uma virgem chamada pelo Altíssimo (Gálatas 4:4). Jesus cumpriu fielmente sua missão e morreu na cruz para salvar "todo aquele que nele crê" de seus pecados (João 3:16). Depois de ressurreto, Jesus designou os apóstolos que havia chamado para continuarem sua obra no mundo (Mateus 28:19-20).

Os seguidores de Jesus foram perseguidos tanto pelos romanos quanto pelos próprios judeus, seus conterrâneos, e Paulo (mais conhecido na época por seu nome hebraico, Saulo) era um desses perseguidores. Seu ódio pelos cristãos era tamanho que ele não media esforços para encarcerá-los e levá-los à morte. A Bíblia usa uma expressão bem forte que destaca o que havia no coração daquele homem: "E Saulo, respirando ainda ameaças e mortes contra os discípulos do Senhor..." (Atos 9:1). O ódio aos cristãos era como o ar que ele respirava. Sua vida dependia daquele sentimento hediondo para fazer sentido, pelo menos na cabeça ensandecida dele. Onde havia cristãos, lá estava Saulo para aprisioná-los.

A vida parecia seguir seu curso natural, quando Saulo vivencia uma experiência com o "Deus de perto" na estrada rumo a Damasco, para onde ele seguia a fim de encarcerar outros seguidores de Jesus. Até então, a experiência de Saulo lembrava a de Jó: "Eu te conhecia só de ouvir" (Jó 42:5; Almeida Atualizada — a Corrigida traz uma redação que não transmite a força do original: "Com o ouvir dos meus ouvidos ouvi"). Mas Saulo estava para viver a segunda parte do versículo: "mas agora te veem os meus olhos". Antes de chegar a Damasco, ele é cercado por "um resplendor de luz do céu" (Atos 9:3); ao cair em terra, ele ouve o chamado: "Saulo, Saulo, por que me persegues?" (Atos 9:4). Ao indagar sobre quem lhe falava, ouviu alto e bom som: "Eu sou Jesus, a quem tu persegues" (Atos 9:5). A partir daí a vida de Saulo não seria mais a mesma. Ele até passou a usar mais seu nome romano, Paulo, a fim de reduzir o impacto negativo que o nome Saulo tinha na cabeça daqueles a quem ele tanto perseguiu a ferro e fogo.

Antes, Paulo só conhecia a Deus de ouvir falar, mas agora ele o conhecia com os próprios olhos. Ele próprio declarou em defesa de seu apostolado: "Não vi eu a Jesus Cristo Senhor nosso?" (1Coríntios 9:1). Ele não apenas viu o Senhor, mas foi chamado por ele. O Senhor Jesus disse a Ananias a razão de ter chamado Saulo: "Vai, porque este é para mim um vaso escolhido, para levar o meu nome diante dos gentios, e dos reis e dos filhos de Israel" (Atos 9:15). Tempos depois, aos gálatas, Paulo não remonta seu chamado à estrada de Damasco, mas retroage muito tempo antes desse evento marcante: "Mas, quando aprouve a Deus, que desde o ventre de minha mãe me separou, e me chamou pela sua graça, revelar seu Filho em mim, para que o pregasse entre os gentios..." (Gálatas 1:15).

Paulo, o escolhido, agora sabia que Deus o elegera "desde o ventre de [sua] mãe". No entanto, entre essa escolha intrauterina e o chamamento propriamente dito houve um longo intervalo. Com base na experiência de Paulo, podemos afirmar que o chamamento divino é precedido de eleição. Em outras palavras: Deus chama aqueles a quem ele escolheu antes da fundação do mundo. Vejamos o que Paulo escreveu sobre isso:

> Porque os que dantes conheceu também os predestinou para serem conformes à imagem de seu Filho, a fim de que ele seja o primogênito entre muitos irmãos. E aos que predestinou a estes também chamou; e aos que chamou a estes também justificou; e aos que justificou a estes também glorificou (Romanos 8:29-30).

Quando o apóstolo Paulo pregou aos atenienses, ele esperava que aquelas pessoas se arrependessem de seus pecados e aceitassem Jesus como seu Senhor e Salvador. Seu discurso estava para ser culminado com um apelo evangelístico, quando foi bruscamente interrompido pelos ouvintes incrédulos e indecisos. No entanto, alguns daqueles idólatras de Atenas creram na mensagem pregada por Paulo. Esses, juntamente com Paulo, formaram o batalhão dos que foram chamados por Deus para a salvação em Cristo Jesus. Paulo certamente via em cada uma daquelas pessoas um salvo em potencial. Por isso ele pregava a Palavra "a tempo e fora de tempo" (2Timóteo 4:2). Ele não se deixaria levar por quão obstinados elas eram em sua religiosidade, pois ele também havia sido obstinado em suas posições religiosas anteriores, como ele próprio afirmou:

> Quanto a mim, sou judeu, nascido em Tarso da Cilícia, e nesta cidade criado aos pés de Gamaliel, instruído conforme a verdade da lei de nossos pais, zelador de Deus, como todos vós hoje sois. (Atos 22:3)

Aos irmãos de Filipos, ele declarou sobre si:

> Circuncidado ao oitavo dia, da linhagem de Israel, da tribo de Benjamim, hebreu de hebreus; segundo a lei, fui fariseu; segundo o zelo, perseguidor da igreja, segundo a justiça que há na lei, irrepreensível. Mas o que para mim era ganho reputei-o perda por Cristo. (Filipenses 3:5-7)

Podemos dizer, sem medo de errar, que Paulo jamais defenderia o ditado segundo o qual "pau que nasce torto morre torto". Ele conheceu Jesus, o Carpinteiro de Nazaré, e nas mãos de Jesus pau que nasce torno não morre torto, mas é transformado "de glória em glória" na imagem do Senhor pela ação do Espírito Santo (2Coríntios 3:18). Como diz Isaías 64:8, nós somos "o barro", e ele é o "oleiro", e ele nos molda de acordo com a sua soberana vontade.

Mas a experiência de Abraão, Moisés, Josué, Davi, os profetas, Maria, Paulo, os atenienses, entre tantos outros, não é algo isolado ou que ficou restrito no tempo e no espaço. Eu também vivi essa experiência de ser chamado por Deus e de conhecer o Deus que chama, e ao longo deste livro desejo humildemente partilhar o que tenho vivido com Deus nesses quase sessenta anos de conversão. Já no próximo capítulo, desejo compartilhar como se deu minha entrega de vida ao Senhor Jesus.

Essa experiência continua aberta a tantos quantos assim o desejarem. O Deus de longe e de perto continua a chamar homens e mulheres a fim de que creiam e se arrependam, vivam uma vida santa, orem, testemunhem, sirvam, deem frutos e continuem a perseverar até a volta de Jesus (a partir do capítulo seguinte, vamos analisar cada um desses chamados separadamente). Enfim, Deus continua a chamar homens e mulheres de todas as nações, raças, idades, vocações, posições sociais para se tornarem verdadeiros adoradores, adorando-o em espírito (não pela vista) e em verdade (segundo o que o próprio Deus determinou).[11] Ele é o Deus que se importa; ele é o Deus que se revela; ele é o Deus que intervém; ele é o Deus que chama. Como diz o salmista: "Porque este Deus é o nosso Deus para sempre" (Salmos 48:14a).

---

[11] Nota do Editor: A Thomas Nelson Brasil recomenda o livro *Os improváveis de Deus*, da cantora e escritora Nívea Soares (Rio de Janeiro: Thomas Nelson Brasil, 2016), em que ela conta sua experiência com o Deus que chama e mostra como ele não faz acepção de pessoas. Leitura edificante e fundamentada na Palavra de Deus.

O DEUS QUE CHAMA SEMPRE ESTÁ PERTO

Ter essa certeza na vida é fundamental para enfrentarmos os problemas que nos cercam. Jesus disse que no mundo teríamos "aflições" (João 16:33). Deus não nos enganou ao nos chamar. Ele não prometeu eliminar a dor, as dificuldades, as aflições, as perseguições, os problemas de saúde, as desordens financeiras, como o desemprego ou as dívidas etc., ou até mesmo nos livrar de assaltos ou perigos de morte. O Senhor até pode nos livrar de tudo isso, mas ele não nos chamou com um salvo-conduto para os problemas da vida, comuns a todos os mortais. No entanto, ele garantiu que, independentemente do que nos sobreviesse, ele estaria conosco "todos os dias, até a consumação dos séculos" (Mateus 28:20). Depois de dizer "no mundo terei aflições", ele arrematou: "mas tende bom ânimo, eu venci o mundo" (João 16:33).

Assim, não importa a circunstância pela qual você está passando neste exato momento, confie naquele que está sempre por perto, ainda que não consigamos perceber sua presença devido aos problemas que enfrentamos. Às vezes a dor ou as dificuldades nos impedem momentaneamente de enxergar quão perto o Senhor está de nós. E aqui, é inevitável não lembrar o caso dos discípulos de Emaús, registrado em Lucas 24. Eles amavam Jesus e o seguiram, e tinham a esperança de que Jesus, na condição de Messias, venceria o Império Romano e restauraria a glória de Israel prometida nos Profetas. Eles não seriam mais massacrados pelos povos pagãos e Israel se encheria de glória e poder. Contudo, o Messias foi preso, torturado e crucificado. Jesus, a esperança deles, estava morto e sepultado. Nem a notícia da ressurreição os animou. Eles não haviam dado crédito ao relato das mulheres que afirmaram ter visto Jesus. E mesmo quando Jesus se aproximou deles e conversou com eles, diz a Bíblia que "os olhos deles estavam como que fechados, para que o não conhecessem" (Lucas 24:16).

Veja que interessante: não havia nenhum problema com o corpo de Jesus. O problema estava nos olhos dos discípulos. Jesus estava ao lado deles, mas eles não podiam enxergá-lo. Isso me faz lembrar um poema chamado "Pegadas na areia". É a história de uma pessoa que sonhou estar andando na praia com o Senhor e via cenas de sua vida passando à medida que caminhava na areia, e ela sempre via dois pares de pegadas: as dela e as de Jesus. Mas ao olhar mais atentamente, percebeu que nos momentos mais difíceis e angustiantes da vida só viu um par de pegadas, o que a levou a ficar aborrecida com Jesus, e perguntou ao Senhor por que ele havia prometido estar com ela em todos os momentos da vida, mas a abandonou justamente nas ocasiões de maior tribulação. O Senhor teria dito então: "Eu jamais abandonei você. Em todos os momentos difíceis pelos quais passou, eu estava lá. Aquelas duas pegadas na areia eram minhas, enquanto eu a carregava durante essas aflições." Embora essa historinha não esteja na Bíblia, ela reflete um ensinamento bíblico: jamais estamos sozinhos. Nosso Deus é o "Emanuel", o "Deus conosco" (Mateus 1:23), o "Deus de perto".

Felizmente, o "Deus de perto" não desiste de nós nem mesmo nesses momentos momentâneos de incredulidade ou cegueira espiritual. O Senhor guiou os discípulos de Emaús pelas Escrituras, a fim de que cressem em tudo o que os Profetas haviam dito acerca dele, e, no exato momento em que Jesus tomou o pão, o abençoou e o partiu, o texto bíblico revela algo extraordinário: "Abriram-se-lhes então os olhos, e o conheceram..." (Lucas 24:31). Assim, nos momentos difíceis da vida, durante as tribulações e aflições, por mais graves que sejam, que possamos ter nossa visão espiritual aguçada para perceber a presença do Senhor: "Perto está o Senhor de todos os que o invocam, de todos os que o invocam em verdade" (Salmos 145:18).

Jamais duvide da capacidade de Deus de cumprir suas promessas e suas palavras. Se ele prometeu estar conosco todos os dias até a consumação dos séculos, assim será. Ele o chamou para nele crer de forma incondicional. Então, creia naquele que o chamou. Sempre!

2

Chamados para crer

E Jesus, respondendo, disse-lhes: Tende fé em Deus. (Marcos 11:22)

Não se turbe o vosso coração; credes em Deus, crede também em mim. (João 14:1)

E por ele credes em Deus, que o ressuscitou dentre os mortos, e lhe deu glória, para que a vossa fé e esperança estivessem em Deus (1Pedro 1:21)

O primeiro grande chamado de Deus para os seres humanos é que creiam nele. Ele quer ser crido. O Senhor deseja ser conhecido, amado, adorado e obedecido por aqueles a quem criou. E no que diz respeito ao conhecimento, não se trata apenas de um saber de ordem intelectual, mas, acima de tudo, relacional. É preciso envolver a mente e o coração. O Criador quer se relacionar com sua criatura. Apesar de sua superioridade infinita e de estar muito além em atributos pessoais e morais, ele é um Deus que faz questão de estar bem próximo daqueles a quem criou e desenvolver um relacionamento íntimo com eles. Essa verdade acerca do "Deus de perto" pode ser visto já no primeiro livro da Bíblia: "E ouviram a voz do Senhor Deus, que passeava no jardim pela viração do dia" (Gênesis 3:8). O teólogo, escritor e conferencista pentecostal Abraão de Almeida comenta a respeito dessa passagem:

> [...] devo dizer que a primeira religião foi um relacionamento pessoal entre Deus e o homem. Havia diálogo entre Deus e Adão, e a bênção de Deus repousava sobre o jardim. [...] Conforme Gênesis 3.8, o costume de Deus era andar e falar com Adão no frescor da tarde.[1]

De que forma Deus "passeava no jardim pela viração do dia" não nos é revelado nas Escrituras. Mas é certo que ele se manifestava de alguma forma perceptível ao primeiro casal, a ponto de Adão e Eva ouvirem a voz de Deus. Era algo real, e não fruto da imaginação deles. Deus estava presente ali no jardim do Éden. Ele fazia questão de ter um relacionamento com eles. Foi por isso que Deus criou o homem e a mulher à sua "imagem e semelhança" (Gênesis 1:26-27). Essa expressão indica que o casal humano tinha todas as condições para desenvolver um relacionamento pessoal com o Criador. A *Bíblia de estudo pentecostal* nos ajuda a entender isso por meio da seguinte explicação:

> Eles tinham semelhança moral com Deus, pois não tinham pecado, eram santos, tinham sabedoria, um coração amoroso e o poder de decisão para fazer o que era certo [Efésios 4:24]. Viviam em comunhão pessoal com Deus, que abrangia obediência moral e plena comunhão. [...] Adão e Eva tinham semelhança natural com Deus. Foram criados como seres pessoais, tendo espírito, mente, emoções, autoconsciência e livre-arbítrio.[2]

Deus criou os animais sem vontade própria. Eles agem simplesmente por instinto. Eles não se relacionam em termos morais e pessoais

---

[1] *Mais 201 respostas para o seu enriquecimento espiritual e cultural*, p. 61.

[2] Comentário em nota de rodapé referente a Gênesis 1:27.

com o Criador. Eles simplesmente fazem o que têm de fazer e pronto. Mas o Senhor criou o homem e a mulher de maneira completamente diferente — ele os dotou de livre-arbítrio e deu-lhes "o poder de decisão para fazer o que era certo". Ele não criou Adão e Eva para crerem nele automaticamente, como se eles fossem robôs programados para isso. Ele queria que eles tomassem a decisão por vontade própria. Deus queria que nossos primeiros pais escolhessem amá-lo e servi-lo de livre e espontânea vontade. Que vantagem haveria em ser amado e obedecido por simples obrigação? Foi por isso que o Senhor Deus colocou no jardim do Éden algo que poria à prova esse poder de decisão: "Mas da árvore do conhecimento do bem e do mal, dela não comerás; porque no dia em que dela comeres, certamente morrerás" (Gênesis 2:17).

Se Deus fosse o um tirano, ele simplesmente teria criado o homem e a mulher e dito: "Façam o que estou mandando e pronto. Não questionem minhas ordens. Eu sou Criador e o Soberano e exijo que vocês creiam e mim e me obedeçam." Mas esse não é o Deus da Bíblia. Ele os dotou de livre-arbítrio e lhes deu uma ordem a fim de que tomassem a decisão de crer nele por vontade própria. Deus queria que eles confiassem na palavra dele e tomassem essa decisão livremente. O Criador não estava disposto a abrir mão desse bem tão precioso, que é o livre-arbítrio, a fim de ser crido e obedecido.

E qual foi a escolha do primeiro casal humano? Todos nós já sabemos a resposta. A Bíblia diz que Adão e Eva optaram por dar crédito à serpente e não crer na palavra de Deus — "certamente morrerás." A escolha de crer em Deus caberia a eles. Nunca, e em nenhum momento, Deus impôs isso aos nossos primeiros pais. Dependendo da escolha que fizessem, teriam de arcar com as consequências. Assim, a culpa pela queda no pecado não coube a Deus, mas ao homem e à mulher dotados de livre-arbítrio. Eles simplesmente escolheram mal, e trouxeram para si e seus descendentes a maldição hereditária do pecado. Essa verdade bíblica é o quarto dos dezesseis pontos doutrinários da Assembleia de Deus de Guarulhos (Ministério de Madureira), a qual pastoreio de 1995:

> O homem e a mulher foram criados bons e retos, em estado de perfeição, sendo feitos à imagem e semelhança de Deus, não em termos físicos, mas em termos de caráter e de outras características, como a capacidade para amar e se relacionar, além de exercer o domínio e a racionalidade. No entanto, o primeiro casal humano voluntariamente transgrediu contra Deus e caiu no pecado, e assim, incorreu não apenas na morte física, mas também na morte espiritual, que é a separação de Deus, e legaram essa herança maldita aos seus descendentes (Gênesis 1:26,27; 2:17; 3:6; Romanos 5:12-19).[3]

Ainda que Deus não tivesse mais nenhuma obrigação de ajudar o ser humano perdido e condenado à morte eterna — pois Adão e Eva deliberadamente decidiram não crer nele e tomaram a decisão de se tornarem eles próprios deuses decidindo por si mesmos o que era bom e o que era mau —, o Senhor não desistiu de suas criaturas. Mesmo depois de Adão e Eva pecarem e se esconderem, partiu do próprio Deus a iniciativa de ir até eles e dialogar, como ele sempre fazia. Primeiramente, Deus chamou Adão e perguntou-lhe: "Onde estás? [...] Quem te mostrou que estavas nu? Comeste tu da árvore de que te ordenei que não comesses?" (Gênesis 3:9-10); depois chamou Eva e lhe perguntou: "Por que fizeste isto?" Será que Deus não sabia onde Adão estava e que ele não havia comido o fruto proibido? Será que ele não sabia por que Eva havia feito o que fez? É claro que sabia. Afinal de contas, Deus sabe todas as coisas. Ele é onisciente. Mas se sabia, por que então fez essas perguntas? A experiência da paternidade pode nos ajudar a entender essa aparente dificuldade. Vejamos.

---

[3] Publicado no encarte de *A Bíblia Sagrada: edição comemorativa pela inauguração da nova sede da Assembleia de Deus de Guarulhos (Ministério de Madureira)* (Rio de Janeiro: Thomas Nelson Brasil, 2018). Essas dezesseis doutrinas fundamentais são herança da primeira Assembleia de Deus estabelecida em Hot Springs, Arkansas, EUA, em 1914. As Assembleias de Deus no Brasil e ao redor do mundo defendem essas doutrinas fundamentais estabelecidas por aqueles irmãos pioneiros.

Eu sou pai de sete filhos (seis homens e uma mulher). Eles aprontaram muito quando eram crianças. Se um apronta, imagine sete! Eu e minha falecida esposa, Haydée, tivemos muitas vezes de repreendê-los, o que envolvia não apenas castigos físicos (o que não deve se confundido com maus-tratos ou violência doméstica), mas também muita conversa. Quando eu e ela perguntávamos "O que você fez?", já sabíamos a resposta, mas queríamos que nossos filhos se expressassem, que dissessem o que estavam sentindo, que se dessem conta do erro que haviam cometido, e, de preferência, que dissessem estar arrependidos e que não fariam mais aquilo. Enfim, queríamos que o canal de comunicação estivesse sempre aberto. Acredito que é assim que agem todos os pais que amam e querem o bem de seus filhos. Eles teriam a chance de se arrepender e de dialogar conosco, e lhes asseguraríamos nosso amor, que incluía a devida disciplina, como mostra Hebreus:

> Se suportais a correção, Deus vos trata como filhos; porque, que filho há a quem o pai não corrija? Mas, se estais sem disciplina, da qual todos são feitos participantes, sois então bastardos, e não filhos. Além do que, tivemos nossos pais segundo a carne, para nos corrigirem, e nós os reverenciamos; não nos sujeitaremos muito mais ao Pai dos espíritos, para vivermos? (Hebreus 12:7-9)

Deus, como nosso Pai celestial, teve o mesmo tipo de comportamento e sentimento para com seus filhos rebeldes. Ele chamou Adão e Eva para o diálogo. Eles tiveram a chance de repensar o mal que haviam cometido ao não crerem na palavra do Criador. No entanto, no primeiro momento, Adão se esquivou e culpou o próprio Deus: "A mulher que me deste por companheira, ela me deu da árvore, e comi" (Gênesis 3:12). Eva, por sua vez, culpou a serpente: "A serpente me enganou, e eu comi" (Gênesis 3:13). Só faltou ela dizer: "A serpente [que criaste] me enganou..." Já com a serpente, que sabemos que se trata de Satanás, o Diabo, "o pai da mentira" (João 8:44; Apocalipse 12:9), não houve diálogo como tentativa de reconciliação. Deus simplesmente a amaldiçoou e até antecipou o seu fim nas mãos de um futuro descendente de Eva:

> Porquanto fizeste isto, maldita serás mais que toda a fera, e mais que todos os animais do campo; sobre o teu ventre andarás, e pó comerás todos os dias da tua vida. E porei inimizade entre ti e a mulher, e entre a tua semente e a sua semente; esta te ferirá a cabeça, e tu lhe ferirás o calcanhar. (Gênesis 3:14-15)

Adão e Eva tiveram de aprender da forma mais dura possível o que é não dar crédito à palavra de Deus. Eles foram chamados para crer e obedecer, mas preferiam descrer e desobedecer, amargando assim uma vida terrível para si e os seus descendentes, a quem transmitiram a morte que veio por meio do pecado (Romanos 5:12). Eva devia ter aprendido as duas verdades fundamentais que meu amigo, pastor pentecostal, escritor e professor universitário Paulo Romeiro, que sempre nos concede o privilégio de pregar em nossa igreja, expôs em um de seus livros. A primeira verdade fundamental é: "Há um só Deus"; e a segunda: "Você não é ele!"[4] Deus teria de aplicar o devido castigo a quem pensou erroneamente que poderia ser "como Deus, sabendo o bem e o mal", e assim o fez.

Mas mesmo aplicando a devida penalidade contra o pecado, Deus não deixou de chamar Adão e Eva para que dessem crédito à sua palavra. Eles não creram daquela vez, mas poderiam crer a partir daquele momento. E parece que aprenderam a lição, pelo menos isso fica claro no caso de Eva. Quando a mulher teve seu primeiro filho, ela declarou: "Alcancei do SENHOR um homem" (Gênesis 4:1). Eva atribui a Deus o nascimento de seu primeiro filho. Podemos supor que talvez ela acreditasse que Caim seria o tal "descendente" que Deus havia prometido em Gênesis 3:15. Embora Eva estivesse errada quanto a isso (caso essa ideia tivesse passado pela cabeça dela), pelo menos ela passou a

---

[4] *Supercrentes*, p. 84.

acreditar no que Deus lhe havia prometido: um descendente que esmagaria a cabeça de Satanás. Depois que Caim matou Abel, ela não perdeu a esperança, pois, em seguida, veio Sete, e Eva disse: "Deus me deu outro filho em lugar de Abel" (Gênesis 4:25), e foi com Sete que "se começou a invocar o nome do SENHOR" (Gênesis 4:26). Deus agora fazia sentido na vida dela. Era exatamente o que Deus esperava dela e de Adão desde o início. Deus queria que eles cressem nele, e cressem incondicionalmente. Eles foram criados para crer, mas, uma vez que foram dotados de livre-arbítrio, caberia a eles a decisão de crer ou não crer no Senhor. O risco de não crer já estava embutido no fato de terem o livre-arbítrio. Deus estava disposto a permitir que isso fosse possível. Esse era o preço a pagar por conceder o livre-arbítrio. No entanto, a culpa pela escolha errada de Adão e Eva não pode ser atribuída a Deus, pois a decisão de desobedecer foi do primeiro casal humano. Isso nos remete inevitavelmente a Deuteronômio 32:4-5:

> Ele é a Rocha, cuja obra é perfeita, porque todos os seus caminhos justos são; Deus é a verdade, e não há nele injustiça; justo e reto é. Corromperam-se contra ele; não são seus filhos, mas a sua mancha; geração perversa e distorcida é.

Como tudo teria sido tão diferente se Adão e Eva tivessem usado corretamente seu livre-arbítrio e crido de fato na palavra de Deus! Mas Deus é mestre em reverter calamidades em bênçãos. Como disse um servo do Senhor: "nosso Deus converteu a maldição em bênção" (Neemias 13:2). Neemias estava fazendo referência ao relato de Balaão, um profeta mercenário que havia sido contratado por Balaque, rei de Moabe, para lançar maldições sobre o povo de Israel. No entanto, cada vez que Balaão tentou amaldiçoar o povo de Deus, o Senhor fez com que ele bendissesse ao invés de maldizer (Números 22—24). Deus converteu as maldições em bênçãos, "pois contra Jacó não vale encantamento, nem adivinhação contra Israel" (Números 23:23).

Outro teólogo pentecostal, o pastor e jornalista Geremias do Couto, traz à luz algo muito importante a esse respeito:

Mesmo em situações nas quais o livre-arbítrio do homem o tenha levado a tomar atitudes em absoluto antagonismo contra o plano de Deus, criando circunstâncias que pareciam acabar de vez com a possibilidade de o divino projeto vir à existência, o Altíssimo agiu soberanamente através delas — as circunstâncias — para que o seu propósito não fosse frustrado.[5]

Desde o pecado de Adão e Eva incitados por Satanás, a Bíblia deixa claro que nada nem ninguém pode frustrar os planos eternos de Deus, como atesta a Bíblia: "Se Deus é por nós, quem será contra nós? [...] Quem intentará acusação contra os escolhidos de Deus" (Romanos 8:31,33). Nenhuma circunstância ruim ou negativa é demasiadamente grande para que ele não a converta em bênção. O Salmo 107, no entanto, mostra que a ação de Deus é precedida de um clamor por parte do ser humano angustiado: "E clamaram ao SENHOR na sua angústia" (v. 6, 13, 19 e 28). Ele sempre está disposto a responder aos que clamam por sua ajuda. Outro salmista confirma: "Perto está o SENHOR dos que têm o coração quebrantado, e salva os contritos de espírito" (Salmos 34:18). Ao antecipar profeticamente o que Jesus faria a favor dos homens, o profeta Isaías declara:

> O Espírito do Senhor DEUS está sobre mim; porque o SENHOR me ungiu, para pregar boas novas aos mansos; enviou-me a restaurar os contritos de coração, a proclamar liberdade aos cativos, e a abertura de prisão aos presos; a apregoar o ano aceitável do SENHOR e o dia da vingança do nosso Deus; a consolar todos os tristes; a ordenar acerca dos tristes de Sião que se lhes dê glória em vez de cinza, óleo de gozo em vez de tristeza, vestes de louvor em vez de espírito angustiado; a fim de que se chamem árvores de justiça, plantações do SENHOR, para que ele seja glorificado. (Isaías 61:1-3)

---

[5] "Eclesiologia — a doutrina da igreja", em *Teologia sistemática pentecostal*, p. 382.

O "ano aceitável do Senhor" continua em vigor. Ele ainda deseja reunir o maior número de pessoas e tirá-las das trevas e transportá-las "para o reino do Filho do seu amor" (Colossenses 1:13).

UMA NUVEM DE TESTEMUNHAS QUE ATENDERAM AO CHAMADO DE DEUS

Se o plano de Satanás era separar a humanidade de Deus em definitivo, ele se enganou grandemente ao achar que Deus abandonaria seu plano original de um relacionamento profundo com os seres humanos. "O Pai", como declarou Jesus e como já adiantamos no capítulo anterior, "procura a tais [isto é, "verdadeiros adoradores"] que assim o adorem" (João 4:23). Não é o homem que primeiramente procura Deus para adorá-lo, mas o contrário: é Deus que procura o adorador. Como a Bíblia sempre está de acordo com si mesma, isso é confirmado por outra passagem: "Nisto está o amor, não em que nós tenhamos amado a Deus, mas em que ele nos amou a nós, e enviou seu Filho para propiciação pelos nossos pecados. [...] Nós o amamos porque ele nos amou primeiro" (1João 4:10,19). O que nos resta a fazer é responder a esse amor com um "sim" ou um "não". O fato de Deus tomar a iniciativa não quer dizer que ele vai obrigar alguém a aceitar o chamado para crer nele e tornar-se um verdadeiro adorador.

Felizmente, existe uma "grande nuvem de testemunhas" (Hebreus 12:1) que disseram "sim" ao chamado de Deus para crer e se tornaram "verdadeiros adorares". Todos esses que ouviram o chamado de Deus, a exemplo de Jó, demonstraram para o mundo com suas vidas que não serviam a Deus por interesse, mas por amor. Os onze primeiros nomes a seguir, apenas para exemplificar, foram tirados da ordem apresentada em Hebreus 11; outros não incluídos nessa lista diretamente também serão mencionados.

- Abel, que "ofereceu a Deus maior sacrifício do que Caim, pelo qual alcançou testemunho de que era justo" (Hebreus 11:4).

Sobre o sacrifício de Abel, reproduzo aqui a excelente exposição do *Comentário bíblico pentecostal*: "... o sacrifício de Abel era uma expressão de adoração que envolvia toda a sua vida e fé. Apresentou toda a sua fé a Deus; não manteve qualquer reserva. Isto representou uma total devoção ao Senhor, não simplesmente uma cerimônia religiosa. Pela fé, adentrou a mais profunda realidade espiritual e interior do sacrifício ao Deus invisível."[6]

- Enoque, que "foi trasladado para não ver a morte, e não foi achado, porque Deus o trasladara; visto como antes da sua trasladação alcançou testemunho de que agradara a Deus (Hebreus 11:5). Sobre essa trasladação ou esse arrebatamento, o *Comentário bíblico pentecostal* afirma: "O mais importante para o nosso autor, porém, não é sua milagrosa trasladação, mas sim ter agradado a Deus como um homem de fé."[7]
- Noé, que "divinamente avisado das coisas que ainda não se viam, temeu e, para salvação da sua família, preparou a arca, pela qual condenou o mundo, e foi feito herdeiro da justiça que é segundo a fé" (Hebreus 11:7). "O exemplo de Noé", conforme o *Comentário bíblico pentecostal*, "ilustra especialmente a disposição que a fé traz para se crer naquilo que Deus disse, arriscando a reputação e o futuro".[8]
- Abraão, que, "sendo chamado, obedeceu, indo para um lugar que havia de receber por herança; e saiu, sem saber para onde ia. Pela fé habitou na terra da promessa, como em terra alheia, morando em cabanas com Isaque e Jacó, herdeiros com ele da mesma promessa" (Hebreus 11:7-9). Abraão vivia em Ur dos caldeus, uma cidade próspera, mas idólatra, do Mediterrâneo. Ele ouve o chamado de Deus e deixa para trás uma vida de idolatria e conforto para fazer a vontade de Deus, sem mesmo saber

---

[6] P. 1612.
[7] P. 1613.
[8] Idem.

o que lhe viria pela frente. Deus prometeu fazer dele uma grande nação por meio de um descendente que viria. Abraão creu e esperou 25 anos para a promessa se cumprir. Aos 100 anos de vida, ele se tornou pai de Isaque. Promessa cumprida, Deus lhe pediu então para sacrificar Isaque. O que fez Abraão? A Bíblia diz: "Pela fé ofereceu Abraão a Isaque, quando foi provado; sim, aquele que recebera as promessas ofereceu o seu unigênito. Sendo-lhe dito: Em Isaque será chamada a tua descendência, considerou que Deus era poderoso para até dentre os mortos o ressuscitar; e daí também em figura ele o recobrou" (Hebreus 11:17-19). Sua fé foi honrada e ele se tornou o "pai de todos os que creem" (Romanos 4:11).

- Sara, a amada de Abraão, era estéril, e na velhice avançada, aos 90 anos de idade, "recebeu o poder de conceber, e deu à luz já fora da idade; porquanto teve por fiel aquele que o tinha prometido. Por isso também de um, e esse já amortecido, descenderam tantos, em multidão, como as estrelas do céu, e como a areia inumerável que está na praia do mar" (Hebreus 11:11-12).
- Isaque, o "filho da promessa". Embora Isaque não tenha tanta proeminência quanto Abraão, seu pai, e Jacó, seu filho, ele exerceu fé em Deus quando soube pelo próprio pai que ele seria sacrificado a pedido do próprio Deus. Abraão já era bastante velho, pois tinha mais de 100 anos de vida, e poderia ter sido facilmente dominado pelo jovem e robusto Isaque; no entanto, o texto bíblico calmamente diz que ao chegarem ao lugar que Deus lhe dissera, Abraão edificou "ali um altar e pôs em ordem a lenha, e amarrou a Isaque seu filho, e deitou-o sobre o altar em cima da lenha" (Gênesis 22:9). Isaque, o cordeiro do sacrifício, não esboçou nenhuma reação contrária à vontade de Deus. Não apenas Abraão estava disposto a sacrificar Isaque, mas o próprio Isaque estava disposto a ser sacrificado pela vontade do próprio Deus.

- Jacó, a despeito de seu caráter meio leviano no início de sua história, era alguém que prezava as coisas espirituais; ele fez de tudo para alcançar a posição de primogênito, chegando até mesmo a enganar o seu irmão, Esaú, pois queria as bênçãos espirituais decorrentes da bênção de Isaque. O *Comentário bíblico pentecostal* declara: "A despeito de todas as suas negligências, Jacó conhecia o verdadeiro sentido dos valores espirituais que se originavam de sua fé em Deus".[9] Apesar do que ele era e fez, Deus o corrigiu e moldou seu caráter com o passar do tempo. Certo dia, Jacó lutou com o próprio Deus e foi abençoado, mas ao mesmo tempo foi atingido na perna e ficou manco para que jamais se esquecesse de que Deus estava no controle daquela situação (Gênesis 32:22-32). Deus lhe concedeu sonhos do céu e Jacó, num ato de fé, erigia altares ao Senhor em adoração contínua (Gênesis 28:10-22). Ele foi um adorador fiel até o fim da vida. O livro de Hebreus diz que Jacó, "próximo da morte, abençoou cada um dos filhos de José, e *adorou* encostado à ponta do seu cajado" (Hebreus 11:21).
- José do Egito, como esse proeminente filho de Jacó é mais conhecido, suportou pacientemente todas as perseguições de seus irmãos e as provações pelas quais passou no Egito — foi escravizado, depois acusado de estupro e preso injustamente — até ser alçado a governador do Império Egípcio, pois sabia que cumpria a vontade de Deus. Ele disse tempos depois a seus irmãos: "Vós bem intentastes mal contra mim; porém Deus o intentou para bem, para fazer como se vê neste dia, para conservar muita gente com vida" (Gênesis 50:20).
- Moisés, que, "sendo já grande, recusou ser chamado filho da filha de Faraó, escolhendo antes ser maltratado com o povo de Deus, do que por um pouco de tempo ter o gozo do pecado;

[9] P. 1618.

tendo por maiores riquezas o vitupério de Cristo do que os tesouros do Egito; porque tinha em vista a recompensa. Pela fé deixou o Egito, não temendo a ira do rei; porque ficou firme, como vendo o invisível. Pela fé celebrou a páscoa e a aspersão do sangue, para que o destruidor dos primogênitos lhes não tocasse. Pela fé passaram o Mar Vermelho, como por terra seca; o que intentando os egípcios, se afogaram" (Hebreus 11:24-29). Ele se tornou o maior de todos os profetas de Deus do Antigo Testamento, a ponto de a Bíblia afirmar: "E falava o SENHOR a Moisés face a face" (Êxodo 33:11). Moisés teve o privilégio de receber diretamente das mãos de Deus os Dez Mandamentos (Êxodo 20). Mas aqui vai um recado para os pais: "O verso 23 revela que a fé de Moisés teve início com seus corajosos pais. A vida de Moisés foi poupada quando criança por causa da fé de seus pais, que o esconderam por três meses depois de seu nascimento, desafiando a ordem de Faraó de matar todos os bebês hebreus do sexo masculino que nascessem (cf. [Êxodo 1:22]). As custas de grande risco pessoal, seus pais confiaram no livramento que Deus lhes daria."[10]

- Josué, que levou o povo de Israel a tomar posse da Terra Prometida e conclamou o povo a servir ao Senhor, dizendo: "eu e a minha casa serviremos ao SENHOR" (Josué 24:15); por meio de sua liderança, "caíram os muros de Jericó, sendo rodeados durante sete dias" (Hebreus 11:30).
- Raabe, "a meretriz" de fé que "não pereceu com os incrédulos" de Jericó e escolheu servir ao verdadeiro Deus porque creu em todos os seus atos poderosos a favor do povo de Israel (Hebreus 11:31). Deus a chamou do meio de um povo altamente idólatra e de uma situação social reprovável ainda nos dias de hoje e fez dela uma das ancestrais de Jesus, o Messias (Mateus 1:5).

A lista é imensa, a ponto de o autor de Hebreus afirmar:

[10] *Comentário bíblico pentecostal*, p. 1621.

E que mais direi? Faltar-me-ia o tempo contando de Gideão,[11] e de Baraque,[12] e de Sansão,[13] e de Jefté,[14] e de Davi,[15] e de Samuel[16] e dos profetas,[17] os quais pela fé venceram reinos, praticaram a justiça, alcançaram promessas, fecharam as bocas dos leões,[18] apagaram a força do fogo,[19] escaparam do fio da espada,[20] da fraqueza tiraram forças,[21] na batalha se esforçaram,[22] puseram em fuga os exércitos dos estranhos.[23]

---

[11] Juízes 6:11—8:32.

[12] Juízes 4:6—5:31.

[13] Juízes 13:2—16:31.

[14] Juízes 11:1—12:7.

[15] 1Samuel l6; 2Samuel 24. "As grandes proezas de Davi quando jovem (matando um leão, um urso e Golias) e como o segundo e maior rei de Israel, seguramente, o colocam na galeria dos heróis da fé" (*Comentário bíblico pentecostal*, p. 1.625).

[16] 1Samuel 1—15. "Samuel serviu a Deus e a Israel valorosamente desde sua mocidade até a velhice como um homem de fé, um intercessor e um profeta fiel. [...] a longa vida de Samuel era distinta pela integridade e intensidade de uma fé ativa" (*Comentário bíblico pentecostal*, p. 1.625).

[17] "A mera menção dos 'profetas' (que inclui não só aqueles que escreveram os livros proféticos do Antigo Testamento, mas também profetas que não escreveram, como Elias e Eliseu) era suficiente para 'evocar uma impressão clara de homens que eram exemplares na fé para a sua própria geração. A fé fazia parte de suas palavras e de suas ações'" (*Comentário bíblico pentecostal*, p. 1.625).

[18] Como Sansão (Juízes 14:5-6), Davi (1Samuel 17:34-36) e Daniel (Daniel 6:21-22).

[19] Como Sadraque, Mesaque e Abednego (Daniel 3:23-25).

[20] O *Comentário bíblico pentecostal* afirma: "a declaração [...] descreve as experiências de Elias (1Rs 19:2-18), Eliseu (2Rs 6:31—7:2), Jeremias (Jr 36:19,26) e outros homens e mulheres de fé que foram poupados da morte pela espada" (p. 1626).

[21] É impossível não lembrar aqui de Sansão (Juízes 16:28) e de Elias (1Reis 18:46). O *Comentário bíblico pentecostal* traz mais informações: "O texto grego diz literalmente que estes indivíduos 'receberam poder estando em uma condição de fraqueza', indicando que a fonte de sua nova força era o poder de Deus (cf. [2Coríntios 12:9-10; Filipenses 4:12-13]). É repetidamente dito sobre os juízes que o Espírito do Senhor veio sobre eles com poder; e assim venciam os inimigos e o reino de Deus era estabelecido ou avançava (por exemplo, [Juízes 3—10; 6:34; 11:29; 14:6,19; 15:14]). Somente através da fé e do poder do Espírito Santo nossa fraqueza pode ser transformada em força. Este é o testemunho de Ana [1Samuel 2:4], Sansão [Juízes 16:17-21,25-30] e de numerosos santos sob ambas alianças" (p. 1626).

[22] Jefté é um caso típico (Juízes 11:32).

[23] Leia Juízes 4:16, que relembra o que aconteceu com Débora e Baraque.

> As mulheres receberam pela ressurreição os seus mortos;[24] uns foram torturados, não aceitando o seu livramento, para alcançarem uma melhor ressurreição; e outros experimentaram escárnios e açoites, e até cadeias e prisões.[25] Foram apedrejados,[26] serrados, tentados, mortos ao fio da espada;[27] andaram vestidos de peles de ovelhas e de cabras,[28] desamparados, aflitos[29] e maltratados[30] (dos quais o mundo não era digno), errantes pelos desertos, e montes, e pelas covas e cavernas da terra. (Hebreus 11:32-38)

Além de todos esses servos e servas de Deus mencionados (direta e indiretamente), as Escrituras também incluem outros personagens igualmente significativos:

- Rute, a moabita, que adorava a falsa divindade Camos, mas que aceitou o Deus de Israel e se tornou ancestral do rei do Davi e, consequentemente, do Messias, Jesus, assim como Raabe, a ex-meretriz (Mateus 1:5). É de Rute a marcante frase usada até mesmo em casamentos, pois marca o forte vínculo de fé que deve unir as pessoas: "porque aonde quer que tu fores irei eu, e onde quer que pousares, ali pousarei eu; o teu povo é o meu povo, o teu Deus é o meu Deus" (Rute 1:16).
- "Naamã, o sírio." Foi assim que Jesus se referiu a esse general do então poderoso Império Sírio que foi curado de lepra pelo profeta Eliseu. Jesus o usa como exemplo de alguém que exerceu fé no Deus verdadeiro. Naamã converteu-se ao Deus de Israel ao declarar: "Eis que agora sei que em toda a terra não há Deus

---

[24] Como a viúva de Sarepta (1Reis 17:22-24); a sunamita (2Reis 4:32-37).

[25] Como o caso do profeta Jeremias (Jeremias 20:2; 37:15).

[26] Como o profeta Zacarias (2Crônicas 24:20-21).

[27] Leia 1Reis 19:10.

[28] Como Elias (2Reis 1:8).

[29] Elias deve ser mais uma vez lembrado (1Reis 19:2).

[30] Como o profeta Micaías (1Reis 22:24) e Jeremias (Jeremias 38:6).

> senão em Israel" (2Reis 5:15). Ele também garantiu ao profeta de Deus: "porque nunca mais oferecerá este teu servo holocausto nem sacrifício a outros deuses, senão ao Senhor" (2Reis 5:17). Ele até mesmo chegou a desprezar seu antigo deus, Rimom, e pediu antecipadamente perdão a Eliseu pelo fato de ser obrigado a se ajoelhar diante da imagem dessa divindade por obrigação de seu ofício junto ao rei da Síria (2Reis 5:18).

A lista é realmente imensa, sem contar os personagens do Novo Testamento. No capítulo 1, já falamos da samaritana (João 4) e do apóstolo Paulo (Atos 9). Mas essa curta relação de pessoas mostrada acima demonstra que Deus "não faz acepção de pessoas" (Deuteronômio 10:17; Atos 10:34); ele chamou e ainda chama homens e mulheres, pobre e ricos, forte e fracos, de diversas nacionalidades, crenças e posições sociais para servi-lo. É bom lembrar que Deus não os chamou porque eles eram perfeitos. Ao contrário, todos eram pecadores destituídos da graça de Deus (Romanos 3:23). Ao comentar a presença de Gideão, Baraque, Sansão e Jefté entre os chamados "heróis da fé", o *Comentário bíblico pentecostal* disse algo que pode ser afirmado sobre todos aqueles que aceitaram o chamado de Deus para nele crer:

> Embora o Antigo Testamento revele que todos os quatro homens demonstraram deficiências de um ou outro tipo, evidenciaram, em sua aguçada consciência, que tinham fé na realidade do Deus invisível e lutaram contra tudo aquilo que se opunha a este surpreendente conhecimento. O que Deus aprova não é o perfeccionismo (isto é, a ausência de defeitos), mas a fé.[31]

Esse comentário está em pleno acordo com o restante das Escrituras. Nós não somos salvos porque somos bons e perfeitos. Na verdade, não somos nada disso. Somos pecadores. Nossas boas obras, por mais

---

[31] P. 1625.

meritórias que possam parecer, não podem contribuir em nada para a nossa salvação. Não fomos salvos, portanto, pela "ausência de defeitos", mas *apesar* deles. Não fomos salvos pela ausência de pecados, mas *apesar* de sermos pecadores. Somos salvos pela graça de Deus mediante a fé, como atesta o apóstolo Paulo:

> Porque pela graça sois salvos, por meio da fé; e isto não vem de vós, é dom de Deus. Não vem das obras, para que ninguém se glorie; porque somos feitura sua, criados em Cristo Jesus para as boas obras, as quais Deus preparou para que andássemos nelas. (Efésios 2:8-10)

À luz dessa passagem bíblica, podemos afirmar que fomos salvos pela fé para viver uma vida de boas obras (trataremos mais desse assunto no capítulo 7, "Chamados para servir"). Mas é importante que saibamos que primeiramente vem a fé e depois as boas obras. As boas obras decorrem da fé, e não a fé das boas obras. Mas tanto a fé quanto as boas obras podem crescer a cada dia. Às vezes é possível que uma cresça mais que a outra. Há pessoas cheias de fé fervorosa, mas com uma vida de boas obras que deixa a desejar; e há aquelas pessoas cuja vida de boas obras é um exemplo, mas cuja fé não é tão grande assim a ponto de remover montanhas. Não somos iguais. Nenhum dos "heróis da fé" de Hebreus 11 e do restante da Bíblia eram iguais. Mas todos eles tinham em comum o fato de serem homens e mulheres que aceitaram o chamado de Deus em suas vidas. Diante disso, só nos cabe louvar ao Senhor, seguindo o conselho de Salmos 107:8: "Louvem ao SENHOR pela sua bondade, e pelas suas maravilhas para com os filhos dos homens."

Eu faço questão de seguir a exortação desse salmo, principalmente pelo fato de ter sido alcançado por Deus em 1959, quando finalmente atendi ao chamado divino para crer e me tornar um verdadeiro adorador que adora ao Pai "em espírito e em verdade", seguindo as palavras de Jesus. O chamado de Deus já vinha acontecendo na minha vida. Eu já tinha contato com o evangelho antes, pois minha falecida esposa,

Haydée (1934-2013), com quem me casei em 1957, já era cristã, tendo sido criada e educada numa igreja batista. Outros parentes de Haydée, além de sua família imediata, também eram evangélicos. Uma das tias dela, Quitéria, membro da Cruzada,[32] sempre convidava a mim e Haydée para almoçar, com o objetivo de me evangelizar. Era uma "santa armadilha". Ela nunca perdia a oportunidade. Quitéria queria que eu fosse alimentado com o Pão da Vida. A semente do evangelho foi plantada e sendo regada ao longo desse tempo. Aceitei um convite para ir a uma igreja O Brasil Para Cristo, tendo ido lá duas ou três vezes; depois, em outra igreja dessa mesma denominação, meu sogro, Domingos de Freitas, pregou em Mateus 7, passagem na qual Jesus trata do homem prudente que construiu sua casa sobre a rocha e o homem insensato que construiu sua casa sobre a areia. Tenho de reconhecer que aquela mensagem poderosa me impactou e mexeu profundamente comigo. Fiquei me perguntando qual daqueles homens eu era. Quando dei por mim, lá estava eu ajoelhado diante do altar de Deus, atendendo ao apelo feito pelo Espírito Santo por meio do pregador. Não sei como cheguei lá. Não sei quem me levou ou me amparou. Só sei que foi naquele momento que me entreguei a Cristo incondicionalmente, reconhecendo o peso dos meus pecados que levaram Jesus à morte de cruz. Seria inevitável não lembrar do hino da *Harpa Cristã* (o hinário oficial das Assembleias de Deus) que retrata bem minha vida até aquele momento (repare no maravilhoso refrão):

> Oh quão cego eu andei e perdido vaguei
> Longe, longe do meu Salvador
> Mas do céu ele desceu
> E seu sangue verteu
> Pra salvar um tão pobre pecador

---

[32] Cruzada Nacional de Evangelização, organizada por Harold Williams, que se tornou aqui no Brasil a Igreja do Evangelho Quadrangular. Manoel de Mello, fundador de O Brasil para Cristo, participou da Cruzada e foi o primeiro pastor brasileiro consagrado pela Igreja do Evangelho Quadrangular.

Foi na cruz, foi na cruz onde um dia eu vi
Meus pecados castigados em Jesus
Foi ali, pela fé, que meus olhos abri
E agora me alegro em Sua luz

Eu ouvia falar dessa graça sem par
Que do céu trouxe o nosso Jesus
Mas eu surdo me fiz, converter-me não quis
Ao Senhor que por mim morreu na cruz

Mas um dia senti, meu pecado e vi
Sobre mim a espada da lei
Apressado fugi, em Jesus me escondi
E abrigo seguro nele achei

Quão ditoso, então, esse meu coração
Conhecendo o excelso amor
Que levou meu Jesus a sofrer lá na cruz
Pra salvar um tão pobre pecador

A partir desse dia memorável de junho de 1959 em que aceitei o chamado de Deus para crer e aceitei Jesus como meu Senhor e Salvador, também aceitei outro chamado: o de frequentar a igreja, isto é, de me reunir com os salvos em Cristo Jesus, o que tenho feito ininterruptamente até o dia de hoje, seguindo Hebreus 10:24-25:

> E consideremo-nos uns aos outros, para nos estimularmos ao amor e às boas obras, não deixando nossa mútua congregação, como é costume de alguns, antes admoestando-nos uns aos outros; e tanto mais, quanto vedes que se vai aproximando aquele dia.

No ano seguinte à minha conversão na igreja O Brasil Para Cristo transferi-me para a igreja Assembleia de Deus, onde sirvo o Senhor até hoje no Ministério de Madureira. Ainda em 1959, fui agraciado com o batismo no Espírito Santo, como os discípulos no dia de Pentecostes, conforme Atos 2, e desci às águas batismais — confirmando publicamente a fé evangélica "que uma vez foi entregue aos santos" (Judas 3). Como pastor e pregador pentecostal, eu não posso terminar esse testemunho sem um grandioso e estridente: "Aleluia! Glória a Deus!"

O CHAMADO DIVINO CONTINUA ABERTO

Ao longo deste capítulo, aprendemos que Deus, como Pai que ama incondicionalmente, não abandona seus filhos à própria sorte. Ele sempre vai atrás dos seus a fim de que retornem a ele e creiam nele. Esse é o Deus da Bíblia, aquele que deseja "que todos os homens sejam salvos, e venham ao conhecimento da verdade" (1Timóteo 2:4). Esse tem sido o desejo de Deus desde outrora. Mas como o ser humano ainda é dotado de livre-arbítrio e o tempo da graça ainda não findou, o convite de Jesus continua aberto: "Credes em Deus, crede também em mim" (João 14:1). O convite é feito graciosamente, mas cabe a cada pessoa decidir que resposta dará ao Senhor. Embora a imagem de Deus no homem tenha sido corrompida, ela não foi destruída:

> O Todo-Poderoso, como onisciente, conquanto conheça de antemão os que o rejeitarão, não interfere, por ter Ele criado o homem dotado de livre-arbítrio. Deus não viola esse princípio. Sim, o Senhor não criou o homem como um autômato, um robô, mas como ser moral, responsável por seus atos, com a faculdade de decisão e livre-escolha — se bem que essas faculdades estão grandemente prejudicadas pelo efeito deletério do pecado, principalmente os de incredulidade e rebeldia.[33]

Deus, sendo um cavalheiro, convida o pecador a ouvir seu chamado e a responder a ele voluntariosamente. Uma vez que aquele que é chamado diga "sim", sua vida nunca mais será a mesma. Deus ganha

---

[33] Antônio GILBERTO, "Soteriologia — a doutrina da salvação", em *Teologia sistemática pentecostal*, p. 366.

um filho regenerado, e o pecador ganha um Pai e bênçãos celestiais impagáveis e inimagináveis. Tudo isso torna o convite praticamente irresistível. Temos, portanto, todas as razões para aceitar o chamado de Deus para nele crer e o adorar. Assim, continue crendo e adorando, ainda que...

- as circunstâncias sejam desfavoráveis;
- os problemas se avolumem;
- esteja sob ataque do mundo, da carne e do Diabo;
- sua fé esteja vacilante;
- seu estado de saúde ou de alguém querido esteja debilitado;
- sua vida financeira esteja em frangalhos;
- tudo esteja desmoronando ao redor;
- seu coração esteja machucado ou magoado;
- o milagre esperado ainda não tenha acontecido;
- a dor lhe roube momentos de prazer e alegria;
- o mundo incrédulo diga para você não crer;
- alguém querido tenha partido;
- o emprego tão aguardado não tenha chegado;
- o caminho esteja repleto de espinhos;
- a tentação pareça mais forte do que você realmente é;
- a dúvida assole sua mente;
- a solidão seja uma companhia sempre presente.

Não importa o tamanho da lista, o Deus que nos chamou é maior que todos os problemas do mundo juntos. Não tema! Apenas continue crendo e adorando "que aquele que em vós começou a boa obra a aperfeiçoará até ao dia de Jesus Cristo" (Filipenses 1:6).

Se você aceitou o chamado de Deus para crer, parabéns! Mas saiba que há outro chamado decorrente deste: *o chamado ao arrependimento*. É o que veremos no próximo capítulo.

3

Chamados para se arrepender

O Senhor não retarda a sua promessa, ainda que alguns a têm por tardia; mas é longânimo para conosco, não querendo que alguns se percam, senão que todos venham a arrepender-se. (2Pedro 3:9)

E disse-lhes Pedro: Arrependei-vos, e cada um de vós seja batizado em nome de Jesus Cristo, em remissão de pecados; e recebereis o dom do Espírito Santo; porque a promessa vos diz respeito a vós, a vossos filhos, e a todos os que estão longe, a tantos quantos Deus nosso Senhor chamar. (Atos 2:38-39)

No capítulo anterior, vimos a necessidade de aceitar o chamado de Deus para nele crer. Mas não se trata apenas de afirmar a existência de Deus. Isso é relativamente fácil. Até os demônios o fazem, como afirma a Bíblia: "Tu crês que há um só Deus; fazes bem. Também os demônios o creem, e estremecem" (Tiago 2:19). Assim, crer em Deus é não mais do acreditar na sua existência. É acreditar que tudo o que ele diz é verdade e deve ser acatado. Quem crê genuinamente em Deus terá o desejo de obedecê-lo, de fazer a sua vontade, de permanecer ao lado dele, porque sabe que essa é a melhor coisa a ser feita. O próprio Jesus declarou que o homem vive "de toda a palavra que sai da boca de Deus" (Mateus 4:4). Crer em Deus significa reconhecer que sem ele nada podemos fazer, "pois ele mesmo é quem dá a todos a vida, e a respiração, e todas as coisas" (Atos 17:25); "nele vivemos, e nos movemos, e existimos" (Atos 17:28). Esse reconhecimento nos levará a adorá-lo em "espírito e em verdade" (João 4:23-24). É o Criador que determina a forma da verdadeira adoração e servidão a ele.

Os demônios, que já foram anjos e se desviaram de sua posição privilegiada, sabem que Deus existe. Eles o viram em sua glória e majestade. No entanto, decidiram se aliar a Satanás em sua rebeldia, deixaram de ser anjos do bem para se tornarem anjos do mal, isto é, demônios, e desprezaram aquele que os havia trazido à existência. Hoje, não lhes resta mais temor, mas estremecimento mórbido.

A palavra "temor" tem um sentido positivo e outro negativo. Em sentido positivo, significa reverência, um sentimento de profundo respeito e obediência; é o que se pode chamar de "temor piedoso"; mas no sentido negativo, temor também pode significar medo, pavor, sentimento de ameaça. Esses anjos rebeldes perderam definitivamente o temor piedoso, e agora só lhes resta o terror do que há de vir sobre eles. Os próprios demônios indagaram a Jesus: "Vieste aqui atormentar-nos antes do tempo?" (Mateus 8:29). Eles já sabem o que lhe aguarda na eternidade: "o fogo eterno, preparado para o diabo e seus anjos" (Mateus 25:41). De tal modo que apenas crer na existência de Deus não ameniza a situação dos demônios, pois eles são incapazes de experimentar algo que, pela longanimidade de Deus, está apenas ao nosso alcance: o *arrependimento*. Assim sendo, quem foi verdadeiramente chamado por Deus para crer também aceitará o outro chamado igualmente imprescindível: o chamado ao arrependimento. Como afirmou o teólogo pentecostal Myer Pearlman: "O arrependimento é o primeiro passo para o que deseja conhecer a Deus".[1]

---

[1] *Atos: e a igreja se fez missões*, p. 192.

Mas o que é arrependimento? Vejamos o que a Bíblia diz a respeito desse assunto, e como alguns estudiosos da Palavra podem nos ajudar a esclarecer essa questão tão fundamental para a salvação.

"ARREPENDEI-VOS"

De modo geral, quando uma pessoa usa a palavra "arrependimento" ela está se referindo a um sentimento de pesar ou lamento por algum ato cometido, uma palavra mal-empregada, um gesto indevido, uma escolha equivocada ou até mesmo por algo que deixou de ser feito. É o arrependimento no campo das relações humanas. Na Bíblia, contudo, essa palavra está primordialmente relacionada com o pecado e no âmbito da relação do indivíduo para com Deus. Myer Pearlman apresenta estas excelentes exposições acerca do arrependimento:

> Arrependimento é uma santa tristeza pelo pecado, seguida pelo abandono deste. E uma total reviravolta feita pela pessoa que descobriu estar andando pelo caminho errado. É um ato da vontade mediante o qual a pessoa, sob convicção, altera totalmente sua atitude para com Deus e com o pecado.[2]

A cruz de Cristo inspira o verdadeiro arrependimento, o qual é arrependimento para com Deus. O pecado muitas vezes é seguido de remorso e vergonha; mas somente quando houver tristeza por ter ofendido a Deus, há verdadeiro arrependimento. Esse conhecimento interno não se produz por vontade própria, pois a própria natureza do pecado tende a obscurecer a mente e a endurecer o coração. O pecador precisa de um motivo poderoso para arrepender-se — algo que o faça ver e sentir que seu pecado ofendeu e injuriou profundamente a Deus.

Ora, se o pecado é uma ofensa contra Deus, o arrependimento é o reconhecimento dessa ofensa. O sentimento de ter ofendido a justiça e a santidade de Deus deve gerar no interior do pecador uma tristeza

---

[2] *Atos: e a igreja se fez missões*, p. 32.

esmagadora. Nessa hora, a pessoa deve reconhecer que Deus tem todo o direito de condená-la à perdição eterna no inferno, de afastá-la de sua presença para todo o sempre. É justamente nesse momento em que o indivíduo se vê completamente perdido e desesperançado que ele precisa se voltar para a cruz de Cristo em arrependimento, a fim de ser perdoado de seus pecados e ter restaurado seu relacionamento com Deus. Mas como destacou Myer Pearlman, "esse conhecimento interno não se produz por vontade humana, pois a própria natureza do pecado tende a obscurecer a mente e a endurecer o coração".[3] Então, como o pecador pode sair dessa situação? É aqui que entra o Espírito Santo, conforme declarou Jesus: "E, quando ele vier, convencerá o mundo do pecado, e da justiça e do juízo" (João 16:8). Sobre isso, recorremos a Antônio Gilberto, outro teólogo pentecostal de renome, que declarou:

> O Espírito Santo realmente trata conosco, a respeito do pecado, antes mesmo de sermos salvos. Ele nos convence do pecado, cria em nós o desejo de abandoná-lo e produz em nós a tristeza piedosa e o arrependimento que levam à salvação.[4]

Glória a Deus pela atuação do Espírito Santo na nossa vida! Sem o Consolador, não seríamos convencidos de que somos pecadores irremediavelmente perdidos e mortos em nossos delitos e pecados (Efésios 2:1-3); sem o Consolador, não seríamos convencidos de que é justo da parte de um Deus de justiça e santidade condenar o pecador à perdição eterna no lago de fogo (Romanos 3:23); e sem o Espírito da Verdade não seríamos capazes de compreender o juízo do Pai em ter de sacrificar o próprio Filho na cruz para cumprir a justiça eterna, a fim de que, por meio da morte de seu Filho, fôssemos resgatados e tivéssemos vida, e vida em abundância (Romanos 8:32); e que foi por meio dessa morte de cruz que ele condenou o Diabo e seus anjos, despojou "os

---

[3] *Conhecendo as doutrinas da Bíblia*, 216.

[4] *Fruto do Espírito*, p. 24.

principados e potestades" e "os expôs publicamente e deles triunfou em si mesmo" (Colossenses 2:15) e selou para sempre o julgamento do "príncipe deste mundo" (João 16:11).

Felizmente, Deus não é apenas justo; ele também é "amor" (1João 4:8), e, em seu amor, ele "é longânimo para conosco, não querendo que alguns se percam, senão que *todos* venham a arrepender-se" (2Pedro 3:9). A oportunidade de arrependimento é oferecida a "todos", indistintamente, pois, como afirmou sob inspiração o apóstolo Pedro, "Deus não faz acepção de pessoas" (Atos 10:34). Isso é visto no Antigo e no Novo Testamento. Ele não ofereceu a oportunidade de arrependimento apenas ao "povo eleito" — Abraão e seus descendentes, o povo de Israel —, mas até mesmo a cananeus, como Rute, a moabita (Rute 1—4); Raabe, a prostituta de Jericó (Josué 2; 6); e a gente de outros povos, como Naamã, o general do exército sírio (2Reis 5); e os ninivitas, cuja cidade estava prestes a ser destruída devido ao seu pecado (Jonas 3:3-10). Essas pessoas demonstraram que tiveram um encontro com o verdadeiro Deus e abandonaram seu antigo estilo de vida, embora, como veremos mais adiante, uma nova geração de ninivitas esqueceu o procedimento de seus antepassados e foram destruídos por não se arrependerem diante da palavra do verdadeiro Deus.

Até a chegada do fim de todas coisas, Deus continua a estender seu "tempo aceitável", o "dia da salvação", a fim de que as pessoas se voltem para Deus e recebam a salvação da parte de Deus oferecida mediante Cristo Jesus, como declarou o apóstolo Paulo:

> E nós, cooperando também com ele, vos exortamos a que não recebais a graça de Deus em vão (porque diz: Ouvi-te em tempo aceitável e socorri-te no dia da salvação; eis aqui agora o tempo aceitável, eis aqui agora o dia da salvação). (2Coríntios 6:1-2).

É por isso que ainda insistimos nos cultos de louvor e adoração que prestamos a Deus todo domingo, e em qualquer outra ocasião oportuna, em fazer apelo aos pecadores para que aceitem a Jesus como

Senhor e Salvador. Nenhuma oportunidade de reconciliar as pessoas com Deus pode ser desperdiçada, seguindo a orientação do apóstolo Paulo: "De sorte que somos embaixadores da parte de Cristo, como se Deus por nós rogasse. Rogamos-vos, pois, da parte de Cristo, que vos reconcilieis com Deus" (2Coríntios 5:20).

As pessoas que aproveitam a oportunidade dada por Deus nesse "tempo aceitável", o "dia da salvação", devem demonstrar em suas vidas os sinais genuínos do arrependimento operado nelas mediante a ação poderosa do Espírito Santo de Deus.

AS REAÇÕES DO GENUÍNO ARREPENDIMENTO

Ao estudar o que a Bíblia diz sobre arrependimento e analisar diversas conversões à luz dela, Antônio Gilberto elaborou esta lista de cinco reações que caracterizam o verdadeiro arrependimento bíblico:

> O verdadeiro arrependimento é o que produz convicção do pecado; contrição do pecado; confissão do pecado; abandono do pecado; e conversão do pecado. Se essas cinco reações por parte do homem não ocorrerem, não se trata de arrependimento verdadeiro, completo, mas apenas tristeza e remorso [...][5]

Podemos verificar essas afirmações à luz da Bíblia e aplicar isso a vários casos registrados e perceber essas reações no Antigo e no Novo Testamento. Vamos analisar apenas alguns casos, que serão suficientes para estabelecer a validade das palavras de Antônio Gilberto.

Davi

Ele foi o maior de todos os reis de Israel. Governou a nação por quarenta anos, e é conhecido como "o homem segundo o coração de

[5] "Soteriologia — a doutrina da salvação", em *Teologia sistemática pentecostal*, p. 358-359.

Deus" (Atos 13:22). Ele foi escolhido por Deus para ser rei ainda jovem. Após derrotar o gigante Golias, Davi tornou-se herói nacional. Era uma questão de tempo até que viesse a suceder a Saul no trono de Israel. Saul, porém, forçou-o ao exílio, e isso depois de algumas tentativas de matá-lo. Mas foi Saul que acabou morrendo, tirando a própria vida. No entanto, em vez de Davi assumir logo o reino, este se dividiu: as tribos do Norte apoiaram Isbosete, filho de Saul, e a tribo de Judá, ao Sul, permaneceu ao lado de Davi (2Samuel 1—5). O ungido de Deus sabia que não era essa a vontade do Senhor, e tratou de unir a nação dividida. Depois de muitas campanhas militares e com a morte de Isbosete, herdeiro de Saul, Davi passou a ter controle sobre todo o reino, voltando a unir as tribos do Norte e as do Sul. Em seguida, ele anexou Jerusalém ao seu reino, fazendo dela sua capital e o centro de adoração para todo o povo. Ele arriscou a própria vida para cumprir a vontade de Deus para o seu povo eleito, o que se encaixa no Salmo 133: "Oh! Quão bom e quão suave é que os irmãos vivam em união [...] porque ali o Senhor ordena a bênção e a vida para sempre" (versículos 1 e 3).

No entanto, depois de tantos feitos militares extraordinários (e de composições musicais que acalentam a alma e o coração), Davi, o grande guerreiro de Deus, acabou caindo em tentação e fez algo que mancharia sua reputação (leia 2Samuel 11 e 12). Certa tarde, num dia em que deveria estar numa campanha militar, Davi preferiu ficar na casa real. À toa, sem ter nada para fazer, dirigiu-se ao terraço e de lá viu "uma mulher mui formosa" se banhar. Mesmo sabendo que se tratava da esposa de um de seus mais valentes soldados, Davi, possuído de paixão carnal, mandou buscá-la e, abusando de sua posição real, deitou-se com a mulher, Bate-Seba; o pecado produziu efeito e ela ficou grávida. O primeiro ato de Davi foi mandar Urias, o marido traído, deixar seu posto militar e ir para casa, a fim de deitar-se com sua mulher a fim, talvez, de que este pensasse que o filho era dele; no entanto, Urias se recusou a fazê-lo, pois isso seria uma afronta aos demais colegas que estavam em plena campanha militar. Não satisfeito, ainda tentou embebedar o soldado que, mesmo assim, não fez o que rei adúltero esperava. A saída de Davi foi tramar a morte de Urias. Ele fez o soldado levar uma mensagem secreta selando a própria morte: Joabe, o capitão, deveria colocar Urias na frente de batalha para ser morto, e assim aconteceu. Depois de respeitar o período de luto da viúva, Davi a tomou por esposa, e ela deu à luz o filho de seu adultério. O texto bíblico termina com esta frase: "Porém esta coisa que Davi fez pareceu mal aos olhos do SENHOR" (2Samuel 11:27).

Então o Senhor enviou Natã, seu profeta, para conversar com Davi. Natã contou ao rei adúltero esta história:

> Havia numa cidade dois homens, um rico e outro pobre. O rico possuía muitíssimas ovelhas e vacas. Mas o pobre não tinha coisa nenhuma, senão uma pequena cordeira que comprara e criara; e ela tinha crescido com ele e com seus filhos; do seu bocado comia, e do seu copo bebia, e dormia em seu regaço, e a tinha como filha. E, vindo um viajante ao homem rico, deixou este de tomar das suas ovelhas e das suas vacas para assar para o viajante que viera a ele; e tomou a cordeira do homem pobre, e a preparou para o homem que viera a ele. (2Samuel 12:1-4).

Qual foi a reação de Davi? Será que ele se viu nessa história? O relato prossegue:

> Então o furor de Davi se acendeu em grande maneira contra aquele homem, e disse a Natã: Vive o SENHOR, que digno de morte é o homem que fez isso. E pela cordeira tornará a dar o quadruplicado, porque fez tal coisa, e porque não se compadeceu. (2Samuel 12:5-6).

Parece que a ficha ainda não havia caído. Natã foi então direto ao ponto: "Tu és este homem" (2Samuel 12:7). Essas palavras devem ter funcionado como espada fincada no coração de Davi. Talvez toda aquela fúria contra o homem da história fosse uma forma interior de tentar aplacar de si mesmo uma dor que vinha carregando. Depois de ouvir as duras palavras de Deus por meio de Natã, Davi rendeu-se e disse: "Pequei contra o SENHOR" (2Samuel 12:7). Apenas isso foi registrado. Mas já é o bastante. "Pequei contra o SENHOR." Davi revelou convicção do pecado e, se pudéssemos estar lá e ver a fisionomia de Davi, certamente veríamos sua contrição por ter pecado contra o Senhor, seu Deus. Ele também confessou seu pecado e o abandonou, pois não há mais relatos de que tenha feito algo semelhante, o que também implica sua conversão do pecado. O arrependimento de Davi foi realmente genuíno. Myer Pearlman afirma corretamente:

> Somos testemunhas do seu pecado, do seu arrependimento, dos seus momentos de impaciência e da sua dignidade real. O quadro todo [...] apresenta-nos um homem em cuja vida Deus ocupava o primeiro plano. Para Davi, sobre todas as demais coisas, Deus é uma gloriosa realidade. Em suma, Davi é um homem que está profundamente consciente de sua própria debilidade, erro e pecado, mas que conhece a Deus, e confia n'Ele de todo o seu coração...[6]

Se Davi não tivesse esse caráter teria agido como outros reis ímpios que foram confrontados por profetas enviados por Deus. Acabe, por exemplo, ameaçou matar Elias (1Reis 18). O profeta Jeremias padeceu horrores nas mãos de Jeoaquim, rei de Judá, que não aceitava as palavras de Deus entregues pelo profeta. Esse rei era tão perigoso, que chegou a matar Urias, o profeta, pelas denúncias que este fazia de suas atrocidades (Jeremias 26:20-23). A vida de Natã não estava em risco porque aquele a quem confrontaria por seus pecados era alguém passível de receber a reprimenda da parte do Senhor. Ao ser repreendido, ele se arrependeu de forma genuína, e isso é confirmado pela sentença de Natã: "Também o SENHOR te perdoou o teu pecado; não morrerás" (2Samuel 12:13). No entanto, o perdão de Deus não o isentou de sofrer as consequências naturais do seu pecado pelo restante de seus dias:

[6] *Através da Bíblia livro por livro*, p. 72.

> Agora, pois, não se apartará a espada jamais da tua casa, porquanto me desprezaste, e tomaste a mulher de Urias, o heteu, para ser tua mulher. Assim diz o SENHOR: Eis que suscitarei da tua própria casa o mal sobre ti, e tomarei tuas mulheres perante os teus olhos, e as darei a teu próximo, o qual se deitará com tuas mulheres perante este sol. Porque tu o fizeste em oculto, mas eu farei este negócio perante todo o Israel e perante o sol. [...] Todavia, porquanto com este feito deste lugar sobremaneira a que os inimigos do SENHOR blasfemem, também o filho que te nasceu certamente morrerá (2Samuel 12:10-12, 14).

Além das consequências a longo prazo, o resultado imediato foi a morte do filho fruto do adultério, o que causou em Davi profunda dor e comoção. Mesmo com a morte do próprio filho, Davi não se rebelou contra Deus. Ao contrário, o relato bíblico diz que Davi "entrou na casa do SENHOR, e adorou" (2Samuel 12:20). Ele tinha plena consciência de que estava ceifando tudo o que havia plantado, se resignou diante da vontade do Senhor, por mais dura que fosse naquele momento, pois "toda a repreensão dada biblicamente é uma oportunidade para o arrependimento, o perdão e a transformação subsequente".[7] Essa atitude também confirma a alcunha de Davi de ser "o homem segundo o coração de Deus". Myer Pearlman diz a esse respeito:

> Que Davi fosse um homem segundo o coração de Deus não quer dizer que não tivesse defeitos, mas sim significava que era um homem em cujo coração havia um desejo sincero de fazer a vontade de Deus e buscar Sua justiça, em contraste com Saul, que sempre buscava o seu próprio caminho. Davi cometeu um pecado dos mais vis, porém, com verdadeiro sentimento de justiça de Jeová e de sua própria culpa, ele se arrependeu em saco e cinza.[8]

---

[7] Myer PEARLMAN, *Atos: e a igreja se fez missões*, p. 235.

[8] *Através da Bíblia livro por livro*, p. 75-76.

Nessa hora, não nos compete julgar Davi, que foi perdoado por Deus, e é isso o que mais importa, mas tentarmos extrair algumas lições importantes desse acontecimento, a fim de que não caiamos em situação similar. Eis algumas lições para nossa vida espiritual:

> 1. Por mais forte e espiritual que seja um homem, se desviar os seus olhos de Deus, estará sujeito a cair.
>
> 2. O relato, em termos claros, do pecado do maior herói de Israel, sem procurar desculpá-lo, é uma prova forte da origem divina da Bíblia. O mais natural teria sido colocar um véu sobre este acontecimento desagradável ([...] 12:12).
>
> [3.] A graça de Deus pode perdoar o mais vil pecado se houver verdadeiro arrependimento (12:13).
>
> 4. Tudo o que o homem semeia isto também ceifará. A criança nascida da união pecaminosa de Davi morreu. Seus dois filhos seguiram-lhe no adultério e um cometeu crime de assassinato.
>
> 5. Deus não tolerará o pecado, nem por um momento, mesmo de Seus filhos mais amados.[9]

É fácil olhar para Davi e recriminá-lo, mas o que aconteceu com ele deve nos levar a outro caminho, o de 1Coríntios 10:12 — "Aquele, pois, que cuida estar em pé, olhe que não caia." Mas caso venhamos a cair, temos de demonstrar a mesma atitude de Davi e confessar: "Pequei contra o SENHOR". E mais do que isso: temos de reconhecer a nossa miserabilidade e recorrer à misericórdia de Deus, como Davi fez no Salmo 51, escrito depois de sua reprimenda por parte de Natã:

> Tem misericórdia de mim, ó Deus, segundo a tua benignidade; apaga as minhas transgressões, segundo a multidão das tuas misericórdias. Lava-me completamente da minha iniquidade, e purifica-me do meu pecado. Porque eu conheço as minhas transgressões, e o meu pecado está

---

[9] Myer PEARLMAN, *Através da Bíblia livro por livro*, p. 75-76.

sempre diante de mim. Contra ti, contra ti somente pequei, e fiz o que é mal à tua vista, para que sejas justificado quando falares, e puro quando julgares. Eis que em iniquidade fui formado, e em pecado me concebeu minha mãe. Eis que amas a verdade no íntimo, e no oculto me fazes conhecer a sabedoria. Purifica-me com hissopo, e ficarei puro; lava-me, e ficarei mais branco do que a neve. Faze-me ouvir júbilo e alegria, para que gozem os ossos que tu quebraste. Esconde a tua face dos meus pecados, e apaga todas as minhas iniquidades. Cria em mim, ó Deus, um coração puro, e renova em mim um espírito reto. Não me lances fora da tua presença, e não retires de mim o teu Espírito Santo. Torna a dar-me a alegria da tua salvação, e sustém-me com um espírito voluntário. Então ensinarei aos transgressores os teus caminhos, e os pecadores a ti se converterão. Livra-me dos crimes de sangue, ó Deus, Deus da minha salvação, e a minha língua louvará altamente a tua justiça. (1-14)

MANASSÉS, REI DE JUDÁ

Ele foi o décimo quinto monarca de Judá e sucedeu ao rei Ezequias, seu pai, um dos maiores e honrados reis de Judá, o dirigente que levou o povo de Deus a celebrar a maior Páscoa desde os dias de Salomão (2Crônicas 30:26), que varreu os altares idólatras espalhados pelo seu reino e despedaçou a serpente de bronze que Moisés havia erguido no deserto e que se tornara um ídolo entre os israelitas (2Reis 18:4). Ezequias ainda foi agraciado com dois milagres. Em um deles, Deus o livrou das mãos do poderoso exército de Senaqueribe, rei da Assíria, que invadiu Judá no seu reinado; na ocasião, Deus executou 185 mil soldados do exército inimigo por meio de seu anjo (2Reis 19:35). Em outro, Deus curou Ezequias de uma doença gravíssima e humanamente incurável, que lhe ceifaria a vida em pouco tempo; depois de chorar amargamente e orar ao Senhor, este lhe concedeu a cura e mais quinze anos de vida, e confirmou esse milagre com outro sinal portentoso: o Senhor fez o sol retroceder dez graus (2Reis 20:6, 11).

Tudo isso deveria ter causado em Manassés o que o apóstolo Paulo chamou de "temor e tremor" (Filipenses 2:12), embora o filho de

Ezequias tivesse nascido muito tempo depois de todos esses milagres terem acontecido, o que não justifica, é claro, sua incredulidade, ainda que ele tenha começado a reinar com apenas 12 anos de vida. Esses milagres não surtiram efeito positivo sobre o sucessor de Ezequias. Diferentemente de seu pai, Manassés embrenhou-se para o caminho da iniquidade e da imensa idolatria, desfazendo toda a boa obra que seu pai lhe deixara por herança administrativa. A Bíblia relata o seguinte sobre as práticas iníquas de Manassés:

> E fez o que era mau aos olhos do SENHOR, conforme as abominações dos gentios que o SENHOR expulsara de suas possessões, de diante dos filhos de Israel. Porque tornou a edificar os altos que Ezequias, seu pai, tinha destruído, e levantou altares a Baal, e fez um bosque como o que fizera Acabe, rei de Israel, e se inclinou diante de todo o exército dos céus, e os serviu. E edificou altares na casa do SENHOR [...]. Também edificou altares a todo o exército dos céus em ambos os átrios da casa do SENHOR. E até fez passar a seu filho pelo fogo, adivinhava pelas nuvens, era agoureiro e ordenou adivinhos e feiticeiros; e prosseguiu em fazer o que era mau aos olhos do SENHOR, para o provocar à ira. (2Reis 21:2-6)

Manassés também pôs uma imagem de escultura no templo de Jerusalém, a casa de Deus. A Bíblia diz que ele desencaminhou de tal modo o povo da aliança...

> [...] que fizeram pior do que as nações, que o SENHOR tinha destruído de diante dos filhos de Israel. [...] Além disso, também Manassés derramou muitíssimo sangue inocente, até que encheu a Jerusalém de um ao outro extremo, afora o seu pecado, com que fez Judá pecar, fazendo o que era mau aos olhos do SENHOR" (2Reis 21:9, 16).

Deus decidiu agir diante de tanta decadência governamental, social, moral e espiritual. Para isso, usou a Assíria a fim de punir Manassés e seus súditos idólatras. O livro de 2Crônicas, paralelo de 2Reis, registra a ação de Deus para punir o rei infiel e fazê-lo retroceder de suas iniquidades. Os exércitos assírios invadiram Jerusalém e levaram Manassés cativo preso "com ganchos" e amarrado "com cadeias" para a Babilônia (2Crônicas 33:11). Manassés teve de comer o pão que o Diabo amassou, como diz o velho ditado. E como ele reagiu a esses duros golpes educativos que o Senhor que lhe infringiu por meio dos assírios? Veja o que a Bíblia relata: "E ele, angustiado, orou deveras ao Senhor seu Deus, e humilhou-se muito perante o Deus de seus pais; e fez-lhe oração [...]" (2Crônicas 33:12-13a). O ato de se humilhar e orar ao Senhor já indicam que Manassés demonstrou convicção do pecado, contrição do pecado e confissão do pecado, três das cinco reações do genuíno arrependimento apontadas por Antonio Gilberto. Em razão disso, a Bíblia completa: "[...] e Deus se aplacou para com ele, e ouviu a sua súplica, e tornou a trazê-lo a Jerusalém, ao seu reino. Então conheceu Manassés que o Senhor era Deus" (2Crônicas 33:13b). Outro ditado popular pode ser lembrado aqui: "Quem não vem pelo amor vem pela dor". Para algumas pessoas, a dor às vezes é um excelente evangelista.

Quanta mudança! O fato de o Senhor reconduzi-lo a Jerusalém indica que seu arrependimento foi genuíno. Mas Manassés foi além e produziu "frutos dignos de arrependimento" (Mateus 3:8), demonstrando os outros dois pontos: abandono do pecado e conversão do pecado. Vejamos:

> E tirou da casa do Senhor os deuses estranhos e o ídolo, como também todos os altares que tinha edificado no monte da casa do Senhor, e em Jerusalém, e os lançou fora da cidade. E reparou o altar do Senhor e ofereceu sobre ele sacrifícios de ofertas pacíficas e de louvor; e ordenou a Judá que servisse ao Senhor Deus de Israel. Contudo o povo ainda sacrificava nos altos, mas somente ao Senhor seu Deus. (2Crônicas 33:15-17)

Ainda que a Bíblia não tenha registrado a oração de Manassés, o mais importante, contudo, não é a oração em si, mas o fato de saber que existe um Deus que ouve orações de todos os tipos, principalmente orações genuínas de contrição e arrependimento. Embora não saibamos as palavras que Manassés usou para falar com Deus, sabemos que o resultado mostra que ele deve ter orado de todo o seu coração, de toda a sua alma e de todo o seu entendimento, e isso é o suficiente para a nosso aprendizado.

O caso de Manassés confirma o que já dissemos: nas mãos de Deus, "pau que nasce torto não morre torto". Para o Senhor não existem impossíveis. O relato de Manassés é um bálsamo de esperança para quem têm parentes ou amigos aprisionados no mundo das drogas, da violência, da prostituição, da idolatria, da religião falsa etc. Não desista de orar por quem você ama. Creia até o último momento no poder de Deus e na possibilidade do milagre de ver seu parente ou amigo resgatado do poder do Diabo e das trevas. É por isso que também não podemos desistir de pregar em presídios, em pontos de aglomeração de viciados etc., pois o "evangelho de Cristo [...] é o poder de Deus para salvação de todo aquele que crê" (Romanos 1:16). O que não falta por aí são testemunhos de pessoas que estavam seguindo o caminho de Manassés, mas que, quando se viram no fundo do poço, clamaram a Senhor e ele as resgatou "das trevas para o reino do Filho do seu amor" (Colossenses 1:13). Enquanto o arrependimento estiver disponível a todos, a todos pregaremos a Palavra "a tempo e fora de tempo" (2Timóteo 4:2).

NÍNIVE

A história de Nínive nos dias de Jonas é um exemplo clássico de arrependimento de uma nação, e não apenas de um indivíduo, como é o caso de Davi e Manassés (embora, no caso deste último, seu arrependimento tenha tido um efeito direto sobre seus súditos — "e ordenou a Judá que servisse ao SENHOR Deus de Israel").

Nínive era a capital do poderoso Império Assírio. A Assíria foi império mundial por cerca de trezentos anos, de 885 a.C. a 607 a.C.,[10]

[10] Antônio GILBERTO, *A Bíblia através dos séculos*, p. 67.

quando sucumbiu sob o poder da Babilônia. Durante esse tempo, a Assíria impôs o terror aos povos conquistados. O pastor Antônio Gilberto descreve como era o modo de ação desse povo:

> Os assírios foram grandes guerreiros. Praticavam muito a pirataria, fazendo incursões noutras terras. Tornaram-se famosos nisso. Era um povo cruel. Seus prisioneiros eles esfolavam vivos, ou então cortavam-lhes mãos, pés, nariz, orelhas; vazavam-lhes os olhos, arrancavam-lhes a língua, e praticavam outras atrocidades. [11]

Esse povo cruel estava no encalço do povo de Deus devido à sua política expansionista. Pois foi justamente nesse momento que Deus ordenou ao profeta Jonas: "Levanta-te, vai à grande cidade de Nínive, e clama contra ela, porque a sua malícia subiu até à minha presença" (Jonas 1:1). No entanto, em vez de obedecer a Deus, Jonas decidiu fugir, como se isso fosse possível, como declarou o salmista:

> Para onde me irei do teu espírito, ou para onde fugirei da tua face? Se subir ao céu, lá tu estás; se fizer no inferno a minha cama, eis que tu ali estás também. Se tomar as asas da alva, se habitar nas extremidades do mar, até ali a tua mão me guiará e a tua destra me susterá. (Salmos 139:7-10).

Por que Jonas fugiu? A *Bíblia de Estudo Vida* oferece duas possibilidades:

> A princípio, talvez tivesse medo dos perversos ninivitas — terroristas internacionais que produziam mais combustível à máquina bélica assíria. É possível também que estivesse influenciado por preconceitos nacionalistas, a ponto de desejar que Deus se inclinasse apenas para Israel.[12]

---

[11] *A Bíblia através dos séculos*, p. 67.

[12] P. 1418.

O próprio Jonas, ao conversar com Deus, expôs suas razões, o que parece concordar com a segunda explicação acima:

> Ah! Senhor! Não foi esta minha palavra, estando ainda na minha terra? Por isso é que me preveni, fugindo para Társis, pois sabia que és Deus compassivo e misericordioso, longânimo e grande em benignidade, e que te arrependes do mal. (Jonas 4:2)

Parece que o profeta fujão não queria a conversão dos ninivitas, mas torcia pela sua destruição. Deus, no entanto, estava oferecendo a Nínive a chance de se arrepender, e Jonas não queria que isso acontecesse. Ele não queria que Deus demonstrasse sua compassividade, misericórdia, longanimidade e benignidade, mas apenas sua santa ira contra os habitantes de Nínive. O comentarista bíblico Antônio Gilberto também vai por essa linha de raciocínio: "Jonas, profeta do reino do Norte, tomado de sentimento patriótico, recusou pregar a mensagem de arrependimento aos ninivitas, e só o fez compelido por Deus."[13] O Senhor mostrou a Jonas que, para salvar pecadores, ele vai até mesmo "nas extremidades do mar" a fim de buscar seu pregador escolhido dentro do ventre de um grande peixe para cumprir a sua soberana vontade. O estudioso bíblico Geremias do Couto resume muito bem essa questão: "[...] este é o cerne da verdade: em toda a história bíblica os juízos de Deus jamais são executados sem que haja oportunidade de arrependimento".[14]

O fato é que depois de ser retirado do ventre do grande peixe e ser lançado na terra seca, Jonas foi obrigado a anunciar a Nínive a palavra do Senhor:

> E levantou-se Jonas, e foi a Nínive, segundo a palavra do SENHOR. Ora, Nínive era uma cidade muito grande, de três dias de caminho. E

---

[13] *A Bíblia através dos séculos*, p. 67.

[14] "Eclesiologia — a doutrina da igreja", em *Teologia sistemática pentecostal*, p. 418.

> começou Jonas a entrar pela cidade caminho de um dia, e pregava, dizendo: Ainda quarenta dias, e Nínive será subvertida. (Jonas 3:3-4)

E qual foi o resultado dessa pregação. A Bíblia afirma:

> E os homens de Nínive creram em Deus; e proclamaram um jejum, e vestiram-se de saco, desde o maior até ao menor. Esta palavra chegou também ao rei de Nínive; e ele levantou-se do seu trono, e tirou de si as suas vestes, e cobriu-se de saco, e sentou-se sobre a cinza. E fez uma proclamação que se divulgou em Nínive, pelo decreto do rei e dos seus grandes, dizendo: Nem homens, nem animais, nem bois, nem ovelhas provem coisa alguma, nem se lhes dê alimentos, nem bebam água; mas os homens e os animais sejam cobertos de sacos, e clamem fortemente a Deus, e convertam-se, cada um do seu mau caminho, e da violência que há nas suas mãos. Quem sabe se se voltará Deus, e se arrependerá, e se apartará do furor da sua ira, de sorte que não pereçamos? (Jonas 3:5-9)

Os ninivitas demonstraram o verdadeiro arrependimento: convenceram-se de seus pecados, fizeram atos de contrição, confessaram seus atos contrários à vontade de Deus, abandonaram o pecado e dele se converteram. O resultado não poderia ser outro: "E Deus viu as obras deles, como se converteram do seu mau caminho; e Deus se arrependeu do mal que tinha anunciado que lhes faria, e não o fez" (Jonas 3:10). Durante anos, os ninivitas desfrutaram do dom da vida pelo fato de terem dado ouvidos à voz do Senhor e mudado de seus caminhos. A *Bíblia de Estudo Vida* apresenta o seguinte motivo para lermos o livro de Jonas:

> Se você pensou que algumas pessoas não têm mais jeito — são tão más que não podem ser mudadas —, o livro de Jonas pode revolucionar esse seu modo de pensar. Pense nos assassinos em série, nos estupradores, nos traficantes de drogas ou nos terroristas; não é contrário à natureza desejar o castigo desses indivíduos violentos e cheios de ódio. Esse livro,

no entanto, mostra que Deus quer estender sua graça e sua misericórdia exatamente àqueles que temos a tendência de desprezar ou considerar fora do alcance da redenção.[15]

Myer Pearlman resume assim o tema do livro de Jonas: "[...] o amor de Deus para com os gentios revela-se ao enviar-lhes um profeta que os chama ao arrependimento".[16] Assim, o arrependimento faz realmente o furor de Deus recuar. Infelizmente, porém, as futuras gerações de ninivitas não mantiveram o padrão de vida daqueles que se arrependeram sob a pregação de Jonas. Mais de um século depois, eles retornaram às práticas perversas, como comenta Myer Pearlman:

> O livro de Naum tem um único tema saliente: a destruição de Nínive. É a sequência da mensagem do profeta Jonas, por cujo ministério os ninivitas foram conduzidos ao arrependimento e salvos do castigo iminente. É evidente que mudaram de opinião a respeito de seu primeiro arrependimento e de tal maneira se entregaram à idolatria, crueldade e opressão, que 120 anos mais tarde, Naum pronunciou contra eles o julgamento de Deus em forma de uma destruição completa.[17]

Não basta apenas se arrepender; é preciso manter os frutos do arrependimento e perseverar na prática do bem. O retorno de Nínive às velhas práticas reacendeu a ira do Senhor contra o pecado daquele povo. Deus então enviou o profeta Naum para pronunciar a destruição de Nínive, desta vez sem uma palavra de arrependimento. "Naum é o complemento de Jonas. Jonas revela o julgamento de Nínive suspenso e Naum o julgamento executado."[18]

---

[15] P. 1.417.

[16] *Atos: e a igreja se fez missões*, p. 189.

[17] *Atos: e a igreja se fez missões*, p. 202.

[18] Myer Pearlman, *Atos: e a igreja se fez missões*, p. 203.

O que aconteceu a Nínive pode levantar uma dúvida esmagadora: "Podemos chegar ao ponto de não alcançar mais perdão?". Essa é uma questão levantada na *Bíblia de Estudo Vida*, e a resposta é satisfatória:

> Da mesma forma que nada mais poderia ser feito a favor da Assíria, existe também para nós o perigo de ultrapassarmos o limite do perdão? A intenção de Naum não era definir até que ponto Deus pode ser desobedecido sem que o juízo se torne irrevogável. Pecado é pecado; não podemos pensar que haja pecados grandes e pequenos. Mesmo assim, a Bíblia de fato mostra que a recusa persistente em corresponder a Deus resultará em castigo.
>
> Quanto as pessoas continuam a rebelar-se, podem tornar-se insensíveis ao Espírito de Deus. A certa altura, Deus declara: "Basta!". Os pecadores persistentes, que insistem em retornar às suas transgressões e chegam a essa situação, não conseguem fugir das consequências da sua rebelião contra Deus. Quando o juízo chegar a esses pecadores, será tarde demais para implorarem misericórdia. [...]
>
> Podemos, não obstante, ter confiança de que, quanto ao nosso destino eterno, Deus tem o máximo desejo de perdoar os nossos pecados se nos voltamos para ele com arrependimento. Somente os que persistirem na rebelião contra Deus são incapazes de achar o perdão. [...][19]

Haverá um tempo em que a porta que dá acesso ao arrependimento estará fechada. Isso acontecerá na volta de Jesus. Até que o Filho retorne, Deus Pai, em sua longanimidade, mantém a porta aberta, "não querendo que alguns se percam, senão que todos venham a arrepender-se" (2Pedro 3:9).

Zaqueu

Ele era um judeu rico e odiado por seu povo, principalmente por sua profissão: "chefe dos publicanos" (Lucas 19:2), isto é, dos cobradores

---

[19] P. 1437.

de impostos do temido Império Romano. O dicionarista bíblico, Orlando Boyer, apresenta a visão dos judeus acerca dessa classe:

> Os judeus consideravam os publicanos traidores e apóstatas, porque cobravam os impostos para a nação que os oprimia. Julgavam-nos pessoas do mais vil caráter, porque, também, extorquiam grandes somas de dinheiro do povo.[20]

Esse chefe dos cobradores ouviu falar sobre Jesus, e certo dia, quando Jesus entrou na cidade de Zaqueu, Jericó, ele não perdeu a oportunidade e saiu correndo para "ver quem era Jesus" (Lucas 19:3). Mas ele não era o único. Por onde Jesus passava, uma multidão o seguia para vê-lo e tocá-lo, na esperança, talvez, de ser agraciada com algum milagre, e não foi diferente em Jericó. Por causa da aglomeração, Zaqueu, que "era de pequena estatura" (Lucas 19:3), não conseguia ver Jesus. O baixinho então teve uma ideia: "E, correndo adiante, subiu a um sicômoro para o ver" (Lucas 19:4). O esforço foi enorme, pois o sicômoro, uma "espécie de figueira", media "de oito a quinze metros de altura".[21] Mas valeu a pena! O evangelista relata o desfecho desse esforço: "E quando Jesus chegou àquele lugar, olhando para cima, viu-o e disse-lhe: Zaqueu, desce depressa, porque hoje me convém pousar em tua casa" (Lucas 19:5). O comentarista bíblico pentecostal Myer Pearlman comenta esse momento tão especial:

> Jesus reconhece os seus, mesmo nos lugares improváveis. Assim como descobrira Mateus cobrando impostos e Natanael debaixo da figueira [João 1:48], com um olhar certeiro, vê Zaqueu no sicômoro e revela o seu esconderijo [...] O coração do Salvador, a ansiar por pecadores, e o coração do pecador, ansiando pela salvação, não deixariam de notar-se!

---

[20] *Pequena enciclopédia bíblica*, p. 627-628.
[21] Orlando BOYER, *Pequena enciclopédia bíblica*, p. 702.

> O Redentor tem olhar penetrante, e enxerga os que dEle têm necessidade. O Cordeiro tem "sete olhos".[22]

Impressionante também é o fato de Jesus chamá-lo pelo nome, o que confirma João 10:3: "e chama pelo nome às suas ovelhas". Myer Pearlman comenta a esse respeito:

> Ilustra-se aqui o chamado de Jesus a cada pecador. Fixando nele o olhar, e chamando-o do meio da multidão, o Salvador não deixa dúvida de que o conhece e entende seus caminhos e desejos. Deixa claro também que tratará com ele individualmente. O não convertido pode desprezar o convite à fé por julgá-lo generalizado. Porém chegará o momento em que a mensagem será dirigida a ele, especificamente [1Coríntios 14:24-25]. O Senhor sabe onde estão as pessoas.[23]

Diante do convite de Jesus, Zaqueu não pensou duas vezes: "E, apressando-se, desceu, e recebeu-o alegremente" (Lucas 19:6). Mas a alegria era só de Zaqueu e de Jesus. Lucas relata que, "vendo todos isto, murmuravam, dizendo que entrara para ser hóspede de um homem pecador" (Lucas 19:7). Que gente mais sem senso de misericórdia e salvação! No fundo, talvez estivessem com inveja de Zaqueu. Pouco importa, o que importa é o fato de que Jesus queria salvá-lo. Jesus fez o convite, e Zaqueu o aceitou prontamente, pois essa deve ser a disposição de todo pecador que é chamado pelo Salvador: "Aquele que busca a salvação deve descer de seu orgulho pecaminoso e curvar-se em arrependimento e fé. Descendo Zaqueu, Jesus poderia então levantá-lo".[24]

Durante a estada de Jesus em sua casa, Zaqueu rendeu-se ao Senhor com estas palavras: "E, levantando-se Zaqueu, disse ao Senhor: Senhor, eis que eu dou aos pobres metade dos meus bens; e, se nalguma

---

[22] *Lucas: o evangelho do homem perfeito*, p. 118.
[23] *Lucas: o evangelho do homem perfeito*, p. 118.
[24] Myer PEARLMAN, *Lucas: o evangelho do homem perfeito*, p. 118.

coisa tenho defraudado alguém, o restituo quadruplicado" (Lucas 19:8). Diante disso, Jesus declarou solenemente: "Hoje veio a salvação a esta casa, pois também este é filho de Abraão. Porque o Filho do homem veio buscar e salvar o que se havia perdido" (Lucas 19:9-10). O comentário de Myer Pearlman vem a calhar:

> Quanta graça oferecida a Zaqueu! Os fariseus e escribas o desprezavam e condenavam, mas Jesus o recebe, ama e honra. Fecharam-lhe o Templo, mas sua casa recebe maior glória que aquele. Fora excluído da sociedade, mas era agora amigo do Rei. Negaram-lhe fraternidade espiritual, mas ele tornou-se cidadão do Reino de Deus, onde terá incontáveis companheiros e irmãos. A resposta imediata a esta graça foi a sua conversão.[25]

A atitude de Zaqueu nos remete a Tiago 2:26: "A fé sem obras é morta". Se faço questão de dizer aos quatro ventos que Jesus entrou na minha vida, devo manifestar essa salvação em minha vida. A história de Zaqueu nos aponta este caminho: quando alguém tem um encontro pessoal com Cristo não ficará indiferente às exigências de Jesus para aqueles que afirmam ser seus seguidores. O encontro com Jesus transformou aquele chefe dos cobradores de impostos: de avarento, ele tornou-se generoso ("eis que eu dou aos pobres metade dos meus bens"); e de fraudador, ele tornou-se doador ("se nalguma coisa tenho defraudado alguém, o restituo quadruplicado").

Em razão da evidente mudança de comportamento, Jesus declarou solenemente: "Hoje veio a salvação a esta casa". O Senhor associou "salvação" a mudança de vida; aliás, uma mudança radical. Zaqueu não foi salvo pelas boas obras, mas, ao ser salvo, as boas obras se tornaram parte de sua vida. Zaqueu aprendeu duas coisas: a repartir e a encarar as consequências de seus atos pregressos, pois "o arrependimento às vezes inclui a restituição. As brigas devem chegar ao fim; as calúnias,

---

[25] *Lucas: o evangelho do homem perfeito*, p. 119.

ser dissipadas; o dinheiro obtido ilicitamente, devolvido".[26] Aquelas cinco reações do verdadeiro arrependimento certamente foram vistas em Zaqueu: convicção do pecado, contrição do pecado, confissão do pecado, abandono do pecado e conversão do pecado — caso contrário, Jesus não teria pronunciado: "Hoje veio a salvação a esta casa".

Temos muito a refletir sobre esse relato de Zaqueu. Assim, quero lhe fazer algumas perguntas (pense nelas seriamente):

- Você tem agido no seu dia a dia como alguém que recebeu a salvação em Cristo Jesus ou você tem vivido como se Cristo não tivesse entrado na sua casa e declarado a salvação?
- Você aprendeu a repartir? Não me refiro apenas a dividir bens materiais, mas a "repartir" problemas ("chorai com os que choram", Romanos 12:15), aflições, angústias etc. Os salvos em Cristo devem aprender a levar "as cargas uns dos outros" (Gálatas 6:2).
- Você tem procurado encarar e, na medida do possível, tentar viver em paz com seu passado? Isso inclui tanto pedir perdão a quem magoamos, quanto a restituir algo de quem usurpamos indevidamente.

Lembremo-nos desta grande verdade: a fé sem obras é morta. Embora não sejamos salvos pelas boas obras, "fomos criados em Cristo Jesus para as boas obras, as quais Deus preparou de antemão para que andássemos nelas" (Efésios 2:10). Assim, quem teve um encontro com Cristo não pode viver indiferente às exigências do Senhor em sua Palavra. O povo de Deus precisa ser "zeloso de boas obras" (Tito 2:14).

OS JUDEUS CONTEMPORÂNEOS DOS APÓSTOLOS

> E disse-lhes Pedro: Arrependei-vos, e cada um de vós seja batizado em nome de Jesus Cristo, em remissão de pecados (Atos 2:38).

[26] Myer PEARLMAN, *Atos: e a igreja se fez missões*, p. 205.

Essas palavras do apóstolo Pedro foram dirigidas a uma multidão de judeus no dia de Pentecostes. Depois de serem batizados com o Espírito Santo, os apóstolos saíram do cenáculo e tomaram as ruas de Jerusalém divulgando "as grandezas de Deus" (Atos 2:11), mesmo em meio a zombarias, como a acusação de que estavam embriagados (Atos 2:13). Cheio do Espírito Santo, Pedro discursou ao povo:

> Homens israelitas, escutai estas palavras: A Jesus Nazareno, homem aprovado por Deus entre vós com maravilhas, prodígios e sinais, que Deus por ele fez no meio de vós, como vós mesmos bem sabeis; a este que vos foi entregue pelo determinado conselho e presciência de Deus, prendestes, crucificastes e matastes pelas mãos de injustos; ao qual Deus ressuscitou, desfazendo as dores da morte, pois não era possível que fosse retido por ela [...]. Saiba, pois, com certeza toda a casa de Israel que a esse Jesus, a quem vós crucificastes, Deus o fez Senhor e Cristo (Atos 2:22-24, 36).

O outrora covarde e assustado Pedro convertera-se, depois do batismo com Espírito Santo, em um pregador destemido, capaz de encarar a multidão que havia pedido a crucificação de Jesus. Ele apontou o pecado deles: "a este que [...] prendestes, crucificastes e matastes pelas mãos de injustos". Como a multidão reagiu? Lucas afirma: "E, ouvindo eles isto, compungiram-se em seu coração, e perguntaram a Pedro e aos demais apóstolos: Que faremos, homens irmãos?" (Atos 2:37). Eles entenderam a mensagem e sabiam que era preciso agir rapidamente:

> Quem quer desviar seus passos do mau caminho precisa agir com decisão e prontidão. Há assuntos que precisam de muita deliberação e reflexão. Mas, quando a casa pega fogo, ninguém fica sentado refletindo sobre o assunto. E nenhum incêndio é tão perigoso como o que irrompe na natureza corrupta do ser humano.[27]

---

[27] Myer PEARLMAN, *Atos: e a igreja se fez missões*, p. 205.

A casa deles estava pegando fogo. Era preciso agir quanto antes àquela mensagem tão poderosa e impactante. Então Pedro lhes disse em resposta: "Arrependei-vos, e cada um de vós seja batizado em nome de Jesus Cristo, em remissão de pecados" (Atos 2:38) e "Salvai-vos desta geração perversa" (Atos 2:40). Ao refletir sobre essa passagem, Myer Pearlman afirmou que a mensagem de arrependimento que eles ouviram pode ser explicada nos seguintes termos:

> Vocês mataram o Messias, no entanto, Deus derrotou os seus propósitos ao ressuscitá-lo. O que vocês fizeram realmente ajudou a cumprir o plano dEle. Vocês, porém, fizeram isso por ódio: seu pecado é patente e permanece. Arrependam-se enquanto a misericórdia divina lhes é oferecida. Logo, Cristo virá como Juiz. Tornem-se seus amigos a fim de que sua vinda lhes seja motivo de alegria, não de condenação".[28]

A mensagem de arrependimento era suficientemente clara e surtiu um efeito poderoso: "De sorte que foram batizados os que de bom grado receberam a sua palavra; e naquele dia agregaram-se quase três mil almas" (Atos 2:41). Que palavra tremenda! Que resultado extraordinário! Quase três mil almas arrependeram-se de seus pecados e foram batizadas. Aquelas pessoas demonstraram as reações do verdadeiro arrependimento: tornaram-se convictas do seu pecado, evidenciaram contrição do pecado, confessaram seu pecado e o abandonaram, e se converteram do pecado ao Senhor Jesus. O que é descrito a seguir confirma que houve salvação para aquelas pessoas:

> E perseveravam na doutrina dos apóstolos, e na comunhão, e no partir do pão, e nas orações. E em toda a alma havia temor, e muitas maravilhas e sinais se faziam pelos apóstolos. E todos os que criam estavam juntos, e tinham tudo em comum. E vendiam suas propriedades e bens, e repartiam com todos, segundo cada um havia de mister. E, perseverando

---

[28] *Atos: e a igreja se fez missões*, p. 32.

> unânimes todos os dias no templo, e partindo o pão em casa, comiam juntos com alegria e singeleza de coração, louvando a Deus, e caindo na graça de todo o povo. E todos os dias acrescentava o Senhor à igreja aqueles que se haviam de salvar. (Atos 2:42-47)

Esse registro inicial da igreja primitiva confirma que "o arrependimento humano é mudança de mente e de coração".[29] Aqueles novos convertidos demonstraram a genuína conversão porque revelaram uma fé operosa, um amor prestativo e uma esperança bem firmada no Jesus Cristo ressurreto (1Tessalonicenses 1:3).

UMA VIDA CONDIZENTE COM O ARREPENDIMENTO

Em todos os relatos que vimos até aqui — Davi, Manassés, os ninivitas, Zaqueu e os contemporâneos dos apóstolos — foi fácil perceber que houve da parte deles uma resposta à ação misericordiosa de Deus lhes perdoar. Eles responderam a esse perdão por meio de uma vida condizente com a vontade de Deus (a única exceção posterior foi Nínive, mas o desvio aconteceu com outra geração, e não àquela que ouviu a mensagem de Jonas). Quando Deus entra em nossa vida, deve haver de fato uma mudança em nosso padrão de comportamento, na nossa maneira de pensar, nos nossos valores: "Da parte do pecador, somente um arrependimento sincero, através da aceitação plena da verdade evangélica, poderá introduzi-lo num novo viver, não mais segundo o curso deste mundo, mas segundo a graça divina."[30]

Lembro-me de que, depois de minha conversão, tive de seguir o princípio de 1Coríntios 15:33 ("Não vos enganeis: as más conversações corrompem os bons costumes") e Provérbios 13:20 ("O que anda com os sábios ficará sábio, mas o companheiro dos tolos será destruído").

---

[29] Esequias SOARES, "Teologia — a doutrina de Deus", em *Teologia sistemática pentecostal*, p. 69.

[30] Abraão de ALMEIDA, *Teologia contemporânea*, p. 199.

Quando me converti, eu trabalhava num banco, como relatei no capítulo 2. Tinha muitos amigos e fazia parte de um clube social. Depois da conversão, tive de abandonar esses colegas, que eram dados aos prazeres da vida noturna, o que incluía até mesmo o uso indiscriminado do álcool. Tive de dizer não aos bailes e a outra grande paixão: a sinuca. Não foi um processo fácil. Meus colegas me viam como fanático, o crentão, que agora, depois de tanto aprontar na vida, queria ser santo. Mas a separação era necessária, pois os valores deles não eram mais os meus valores, os do Reino de Deus, como devem ser os valores de um convertido. Quem é de Deus deve se conduzir "dignamente para com Deus" (1Tessalonicenses 2:12). Isso implica ruptura com o passado e com padrões de comportamento não condizentes com a fé em Cristo. Nas palavras de Antônio Gilberto: "O pecador, ao sentir tristeza pelo pecado, e ajudado pelo Espírito Santo, decide mudar de vida, deixar o pecado e voltar-se para Deus. Arrepender-se é andar em sentido contrário àquele em que se vinha."[31] Ao que Myer Pearlman complementa:

> Quando alguém abandona o pecado, deve queimar todas as pontes pelas quais poderia voltar. Depois da travessia do mar Vermelho, o Egito deve ser esquecido para sempre. Ninguém, ao abandonar a jogatina, deve guardar seus equipamentos pensando: "Vou deixar isso para sempre. Mas guardo estas coisas para o caso de eu mais tarde pensar de modo diferente e querer voltar à jogatina". Muitos, segundo parece, conservam o pecado em "estufa" enquanto experimentam a virtude para ver se vão gostar dela. O arrependimento às vezes inclui a restituição. As brigas devem chegar ao fim; as calúnias, ser dissipadas; o dinheiro obtido ilicitamente, devolvido.[32]

Meu caráter também foi sendo moldado, aos poucos, ao caráter de Cristo Jesus (Romanos 8:29). Eu era, digamos assim, bom de briga

---

[31] *A prática do evangelismo pessoal*, p. 41.

[32] *Atos: e a igreja se fez missões*, p. 205.

e não levava desaforo para casa. Recorrendo a um ditado popular, eu diria que "daria um boi para não entrar numa briga, e uma boiada para não sair dela". Depois da conversão, Deus foi moldando meu coração e minhas atitudes. Certa vez, fui colocado à prova quanto a isso. Um colega, com quem eu havia comprado uma propriedade, enganou-me e fez a escritura em nome dele, fazendo-me perder tudo o que investi juntamente com ele. Fechei os punhos e agradeci a Deus o fato de ser convertido, para sorte dele também. Humanamente falando, a pretensão era fazer outra coisa; mas quando somos de Jesus, o que importa não é mais a nossa vontade, mas a do Senhor para a nossa vida. Isso é o que realmente importa no final das contas.

Mas não vivi isso só com incrédulos. Certa ocasião, um dirigente de congregação "devia a Deus e ao mundo", como diz a expressão popular. Era tanta dívida que seus bens haviam sido penhorados. Não sabendo disso, acabei emprestando certa quantia para ele; quando precisei e fui cobrar, ouvi que não receberia um centavo do valor que me era devido, e só receberia quando ele realmente pudesse pagar, tipo o que maus pagadores dizem por aí: "Devo, não nego; pago quando puder". A passagem de Romanos 13:8 — "A ninguém devais coisa alguma, a não ser o amor com que vos ameis uns aos outros" — passava bem longe dele. Eu ficaria ao deus-dará. Infelizmente, quando se trata de pedir dinheiro, as pessoas são extremamente solícitas, mas, na hora de devolver, viram o demônio, infernizam a vida do credor e tiram a sua paz. Se a minha conversão não tivesse sido genuína, aquele "amigo da onça" que me enganou e esse obreiro mal caráter teriam recebido uma boa sova. O crente realmente é testado na sua fé depois da conversão. É uma forma de saber se a conversão foi genuína ou não. Nessas horas, a Palavra de Deus deve fazer diferença na nossa vida:

> Amai a vossos inimigos, fazei bem aos que vos odeiam; bendizei os que vos maldizem, e orai pelos que vos caluniam. Ao que te ferir numa face, oferece-lhe também a outra; e aos que te houver tirado a capa, nem a túnica recuses; e dá a qualquer que te pedir; e ao que tomar o que é teu,

> não lho tornes a pedir. [...] E se emprestardes àqueles de quem esperais tornar a receber, que recompensa tereis? Também os pecadores emprestam aos pecadores, para tornarem a receber outro tanto. Amai, pois, a vossos inimigos, e fazei bem, e emprestai, sem nada esperardes, e será grande o vosso galardão, e sereis filhos do Altíssimo; porque ele é benigno até para com os ingratos e maus. Sede, pois, misericordiosos, como também vosso Pai é misericordioso. (Lucas 6:27-30, 34-36)

> A ninguém torneis mal por mal; procurai as coisas honestas, perante todos os homens. Se for possível, quanto estiver em vós, tende paz com todos os homens. Não vos vingueis a vós mesmos, amados, mas dai lugar à ira, porque está escrito: Minha é a vingança; eu recompensarei, diz o Senhor. Portanto, se o teu inimigo tiver fome, dá-lhe de comer; se tiver sede, dá-lhe de beber; porque, fazendo isto, amontoarás brasas de fogo sobre a sua cabeça. Não te deixes vencer do mal, mas vence o mal com o bem. (Romanos 12:17-21)

Não adianta apenas abandonar velhos hábitos; é preciso também praticar as boas obras preparadas por Deus para que andássemos nelas.

ARREPENDIMENTO DIÁRIO E CONSTANTE

Quando ouvimos a palavra "arrependimento", logo a associamos aos descrentes. Embora essa associação seja correta, pois o descrente é aquele que ainda está morto em seus delitos e pecados (Efésios 2:1-3) e precisa arrepender-se de seus pecados a fim de ser salvo, a Bíblia também afirma que os crentes, os que aceitaram Jesus como Senhor e Salvador, também precisam se arrepender constantemente de seus pecados. Há uma diferença entre esses dois tipos de arrependimento: o primeiro é para a salvação, e o segundo, para a santificação diária.

O primeiro tipo de arrependimento é um dos "rudimentos da doutrina de Cristo" (Hebreus 6:1). "Rudimento" aqui significa os primeiros elementos essenciais da fé, as informações básicas iniciais, aquilo que é essencial e elementar no início da vida cristã. Assim, ninguém pode se tornar cristão sem primeiramente se arrepender de seus pecados e entregar sua vida a Jesus. Esse tipo de arrependimento está associado à "fé salvadora":

> É mediante o arrependimento pessoal dos seus pecados que o pecador recebe a fé salvadora. A mensagem central de Jesus foi: "arrependei-vos e crede no Evangelho" [Marcos 1:15], e uma das suas últimas ordens aos discípulos, antes de subir para o Pai, foi: "Ide por todo o mundo e pregai o Evangelho a toda criatura. Quem crer e for batizado será salvo" [Marcos 16:15].[33]

Uma vez feito isso, não se lança de novo esse "fundamento do arrependimento de obras mortas e de fé em Deus" (Hebreus 6:1), pois isso é feito apenas uma única vez. O autor aos Hebreus diz que quando cristãos caem da fé, "é impossível que [...] sejam outra vez renovados para arrependimento" (6:4, 6); mas ele está se referindo ao primeiro tipo de arrependimento, aquele que conduz à salvação, ao "arrependimento de obras mortas e de fé em Deus".

Já o segundo tipo de arrependimento deve acompanhar a vida do crente, pois, apesar de termos sido lavados e remidos pelo sangue do Cordeiro, o pecado ainda habita em nós. Fomos libertos pelo sangue de Jesus do *poder* do pecado, mas não da *presença* do pecado. O primeiro arrependimento nos liberta do *poder* do pecado (o poder de nos manter eternamente afastados do Deus Santo e Justo), e o segundo nos livra pouco a pouco dos efeitos do pecado em nossa vida, tornando-nos mais parecidos com Jesus à medida que avançamos na vida cristã. Assim, a consciência da presença do pecado deve permanecer na mente do cristão, como declara o apóstolo João:

> Se dissermos que não temos pecado, enganamo-nos a nós mesmos, e não há verdade em nós. Se confessarmos os nossos pecados, ele é fiel e

[33] *Teologia contemporânea*, p. 209.

> justo para nos perdoar os pecados, e nos purificar de toda a injustiça. Se dissermos que não pecamos, fazemo-lo mentiroso, e a sua palavra não está em nós. Meus filhinhos, estas coisas vos escrevo, para que não pequeis; e, se alguém pecar, temos um Advogado para com o Pai, Jesus Cristo, o justo. E ele é a propiciação pelos nossos pecados, e não somente pelos nossos, mas também pelos de todo o mundo. (1João 1:8—2:2)

O sangue de Jesus nos livra tanto do poder do pecado de uma vez para sempre quanto dos efeitos diários da presença do pecado em nossa vida. Isso mostra que o pecado na vida do crente é uma realidade e uma presença que pode levá-lo a desvios de conduta, como aconteceu com certo irmão da igreja de Corinto. Sua conduta imoral era tão notória e berrante que o apóstolo Paulo, valendo-se de sua autoridade apostólica, manda que o tal seja excluído da comunhão da igreja e entregue a Satanás "para destruição da carne, para que o espírito seja salvo no dia do Senhor Jesus"; isso quer dizer que, mediante essa dura disciplina, o irmão infrator deveria ser levado ao arrependimento mais cedo ou mais tarde (1Coríntios 5:1-5). Felizmente, a exclusão da comunhão funcionou, pois somos informados por 2Coríntios que esse homem se arrependeu e foi restaurado à comunhão da igreja do Senhor (2:6-8).

O pastor Antônio Gilberto afirma que "o arrependimento deve sempre acompanhar o crente durante toda a sua vida. Isso demonstra sua humildade e [o faz] zeloso de Deus e de suas coisas."[34] Ele também declara que, "uma vez salvos, o Espírito Santo continua a convencer-nos a respeito daqueles aspectos da nossa vida que são diferentes da vida de Cristo, purificando-nos e santificando-nos".[35]

O arrependimento diário e constante contribui, assim, para o outro chamado divino: o da *santificação*, como veremos no próximo capítulo.

---

[34] "Soteriologia — a doutrina da salvação", em *Teologia sistemática pentecostal*, p. 358-359.

[35] *Fruto do Espírito*, p. 24.

4

CHAMADOS PARA UMA VIDA SANTA

> Mas, como é santo aquele que vos chamou, sede vós também santos em toda a vossa maneira de viver; porquanto está escrito: Sede santos, porque eu sou santo. (1Pedro 1:15-16)

> E vos revistais do novo homem, que segundo Deus é criado em verdadeira justiça e santidade. (Efésios 4:24)

O chamado ao arrependimento, do qual tratamos extensivamente no capítulo anterior, é seguido imediatamente de outro igualmente importante: o chamado à santidade. O chamado a uma vida santa é um imperativo para o povo de Deus. A ordem bíblica de "sede santos porque eu sou santo", conforme se lê acima em 1Pedro 1:16, não pode ser apenas uma linda frase de efeito, daquelas que as pessoas gostam de espalhar nas redes sociais. Essa ordem divina precisa virar realidade em nossa vida.

Vejamos o que o *Comentário bíblico pentecostal* comenta a esse respeito: "A santidade não é algo opcional ou extra na vida cristã, mas algo que pertence à sua essência."[1] Isso quer dizer que ser cristão é praticamente sinônimo de ser santo, pois a santidade deve fazer parte na essência daquele que aceitou o chamado para crer e se arrepender. Não se trata de algo facultativo. No Brasil, existem muitos feriados impostos por lei, que forçam as empresas a interromperem suas atividades econômicas; mas há outros chamados de "facultativos", ou seja, opcionais, não obrigatórios. Cada empresário decide se dará ou não esse dia de descanso remunerado aos seus funcionários. No campo da santidade, Deus não faz dela algo facultativo para os cristãos. Ele não nos concede descanso para vivermos no pecado e fazermos o que bem entendemos da vida. Assumir a condição de cristão é assumir juntamente com isso o compromisso de viver uma vida de "santificação e honra" (1Tessalonicenses 4:4).

No entanto, precisamos tomar o cuidado de não cair no erro de virarmos "santarrões" e não confundirmos santidade bíblica com santidade farisaica. Não fomos chamados para *parecer*, mas para *ser* santos. A noção bíblica e equilibrada de santidade nos dará um direcionamento adequado para uma vida que reflita no dia a dia a vontade de Deus em nossa vida. Isso nos levar a uma pergunta crucial: O que significa ser santo? A Bíblia Sagrada, a Palavra de Deus, deve nos conduzir nessa maravilhosa descoberta.

O QUE SIGNIFICA SER SANTO

Todo crente sabe de cor e salteado o que significa ser "santo". Desde pequeno, aprende-se na Escola Bíblica Dominical que "santo" significa ser "separado" ou "consagrado" para o Senhor. Ele nos chamou "das trevas para a sua maravilhosa luz" (1Pedro 2:9). Antes, quando estávamos perdidos e sem Deus, fazíamos a vontade da carne e do Diabo. Éramos, "por natureza, filhos ira", como Paulo diz em Efésios 2:3. Mas Deus nos chamou para crermos nele e nos arrependermos de

---

[1] P. 1.634.

nossos pecados. Nós o aceitamos, e fomos separados para ele, como um povo exclusivamente seu, que carrega o seu nome (Tito 2:14; leia também Atos 15:14). Assim, nós nos tornamos "santos" para Deus. A partir desse momento, temos de viver "dignamente para com Deus" (1Tessalonicesnes 2:12), e esse estilo de vida santificada tem a sua dignidade atrelada ao caráter de Jesus. Assim, podemos afirmar, como o teólogo pentecostal Antônio Gilberto, que "ser santo significa ser parecido com Cristo".[2] Como filhos de Deus, temos de refletir em nossa vida o caráter de Cristo, o que significa, em outras palavras, falar, agir e pensar como Jesus.

Talvez você esteja se perguntando com certa incredulidade: "Será mesmo possível que sejamos nesta era parecidos assim com Jesus?" A dúvida talvez surja porque, quem sabe, você não se sinta tão parecido assim com ele, não é? Isso é normal, até para mim, que sou crente em Jesus há quase sessenta anos e pastor de igreja. E não é por falta de esforço, pode acreditar. Mas não se preocupe se você ainda não pensa, fala ou age como Jesus da forma como gostaria ou como Deus espera de cada um de nós. Isso se dá porque a santificação é um processo, como assegura o *Comentário bíblico pentecostal*: "A expressão referente àqueles que haviam sido santificados, no grego, está no tempo perfeito, indicando tanto uma ação passada quanto um estado contínuo".[3]

É bom destacar que esse é um processo que varia de pessoa para pessoa. Alguns estão mais à frente; outros, mais atrás; mas *todos* estão no caminho. Eu me lembro muito bem da figura do pastor Russell Shedd, que foi levado para à glória em 2016. Ele era um homem de Deus, a quem tive o prazer e a honra de conhecer e de ouvi-lo diversas vezes quando ele pregou em nossa igreja, a Assembleia de Deus de Guarulhos, Ministério de Madureira. Era comum conversarmos no gabinete pastoral antes de o culto começar. É incrível com eu percebia nas

---

[2] *Doutrina bíblica e usos e costumes na igreja*, p. 223.
[3] P. 932.

conversavas com aquele homem uma espécie de sopro de santidade. Ele parecia que levava muito a sério o esforço de ser a cada dia mais parecido com Jesus. O Dr. Shedd não era apenas amado pelos crentes de várias denominações; era também respeitado e visto como exemplo de homem de fé e santidade, ainda que ele mesmo não se visse nessa condição. Louvo a Deus por tudo o que esse servo do Senhor representou para a igreja brasileira. Seu legado espiritual e teológico não será esquecido. Ele era prova viva que uma pessoa estudada e culta pode ser ao mesmo tempo um exemplo de santidade de vida e de fidelidade ao Senhor. Os estudos, ou as "muitas letras", não o fizeram "delirar" (acusação que Festo fez ao apóstolo Paulo em Atos 26:24) nem naufragar na fé. No entanto, já conheci outros que não inspiraram em mim o mesmo nível de percepção de santidade. Isso não quer dizer que um fosse mais santo que o outro, pois, no final das contas, todo crente é alguém separado para Deus, isto é, é "santo". O que falta a alguns, ou a muitos, é levar a sério — como fazia o pastor Shedd — essa condição de separado para Deus e viver de acordo com esse chamado.

Essas palavras podem ser confirmadas pela simples leitura da Primeira Carta de Paulo aos Coríntios. Aliás, à primeira vista, os membros dessa igreja estariam longe de receber o rótulo de "santos" devido aos vários problemas que Paulo alista:

- Desunião (1:10-16).
- Carnalidade (3:3).
- Tolerância com o pecado (5:1-5).
- Desrespeito à autoridade apostólica (9:1-3).
- Irreverência na ceia do Senhor (11:17-22).
- Confusão quanto ao uso dos dons espirituais (14).
- Heresia doutrinária, como a negação da ressurreição (15:12-19).

É de fato uma lista considerável! O rótulo de "igreja problemática" é aparentemente justificável. Mas, mesmo sendo sabedor de todos esses graves problemas, veja como o apóstolo começa sua carta:

> À igreja de Deus que está em Corinto, aos *santificados* em Cristo Jesus, chamados *santos*, com todos os que em todo o lugar invocam o nome de nosso Senhor Jesus Cristo, Senhor deles e nosso: Graça e paz da parte de Deus nosso Pai, e do Senhor Jesus Cristo. Sempre dou graças ao meu Deus por vós pela graça de Deus que vos foi dada em Jesus Cristo. Porque em tudo fostes enriquecidos nele, em toda a palavra e em todo o conhecimento (como o testemunho de Cristo foi mesmo confirmado entre vós). De maneira que nenhum dom vos falta, esperando a manifestação de nosso Senhor Jesus Cristo, o qual vos confirmará também até ao fim, para serdes irrepreensíveis no dia de nosso Senhor Jesus Cristo. Fiel é Deus, pelo qual fostes chamados para a comunhão de seu Filho Jesus Cristo nosso Senhor. (1Coríntios 1:2-9)

Mesmo diante de todas as informações negativas sobre a igreja de Corinto, o apóstolo Paulo não deixou de chamá-los de "santificados em Cristo Jesus" e de "santos". Ele também afirmou que, apesar de todos aqueles problemas, eles tinham a "graça de Deus", que eram "enriquecidos" no Senhor, tanto na palavra quanto no conhecimento dele. Assegurou também que os coríntios tinham todos os dons ("nenhum dom vos falta") e que eles seriam confirmados "até ao fim", para que fossem "irrepreensíveis no dia de nosso Senhor". Uma igreja não perde sua condição de *santa* ou de *separada para o Senhor* devido a problemas, sejam de que ordem for; se isso fosse dessa forma, não sobraria *praticamente* nenhuma igreja na face da terra, pois todas têm problemas (umas mais, e outras, menos; e de diversas ordens: doutrinária, moral, financeira etc.). Eu usei de propósito a palavra "praticamente", pois deve haver igrejas como a de Filadélfia. Das sete igrejas que receberam cartas do Senhor Jesus — Eféso, Esmirna, Pérgamo, Tiatira, Sardes, Filadélfia e Laodiceia —, apenas a de Filadélfia recebeu só elogios e nenhuma repreensão da parte do Senhor (leia Apocalipse 2:1—4:22). Olhando o mundo evangélico nos dias de hoje, eu me pergunto sinceramente se há uma "Filadélfia" entre nós (se a sua igreja for assim, glória a Deus por isso!). Mas não cabe a mim fazer julgamentos a esse respeito. A igreja é do Senhor; ele passeia no meio de todas elas e as tem em suas mãos, conforme assegura o apóstolo João (confira Apocalipse 1:12-20). O próprio Jesus declarou a todas as igrejas de Apocalipse: "Conheço as tuas obras" (2:2,9,13,19; 3:1,8,15). Ele saberá retribuir a cada uma conforme o seu procedimento.

Com base em toda essa exposição anterior, podemos afirmar seguramente que a visão bíblica de igreja *santificada* é bem diferente de nossas expectativas. É por isso que o *Comentário bíblico pentecostal* afirma: "A designação de cristãos como santos é frequentemente mal-entendida",[4] o que é a mais pura verdade. E continua:

> [...] os cristãos são aqueles que foram separados por Deus de sua vida de pecado e rebelião para uma vida de serviço e devoção a Ele. [...] O Israel antigo era "uma nação santa" [separada] [Êxodo 19:5-6] apesar de suas imperfeições. Os crentes também são santos, apesar de suas imperfeições. De fato, Pedro refere-se aos crentes como "uma nação santa" [1Pedro 2:9].[5]

Enquanto pensamos numa igreja quase perfeita e livre de problemas ou pecados quando usamos a palavra "santa", a Bíblia realisticamente mostra que se trata do ajuntamento de pecadores salvos em Cristo, que ainda precisam lutar contra a presença do pecado em seu próprio meio até a volta do Salvador, quando então o pecado será definitivamente extirpado do nosso meio. Até lá, a luta contra o pecado em suas diversas manifestações continuará na vida daqueles que foram *separados* para o serviço do Deus Santo.

Assim, à luz de tudo isso, podemos afirmar que é um quadro perfeitamente normal que alguns pareçam ser mais santificados que outros. Mas todos os cristãos estão nesse processo. Nós estamos sendo transformados à imagem de Jesus "de glória em glória", segundo as palavras do apóstolo Paulo em 2Coríntios 3:18. A santificação abrange

---

[4] P. 932.

[5] P. 932.

todo o nosso tempo de vida com Deus: *fomos* santificados (passado); *estamos sendo* santificados (presente); e *seremos plenamente* santificados (futuro) quando o Senhor Jesus voltar, conforme a Palavra nos assegura:

> Mas a nossa cidade está nos céus, de onde também esperamos o Salvador, o Senhor Jesus Cristo, que transformará o nosso corpo abatido, para ser conforme o seu corpo glorioso, segundo o seu eficaz poder de sujeitar também a si todas as coisas. (Filipenses 3:21)

Essa verdade deve nos tornar mais pacientes com alguns de nossos irmãos e irmãs em Cristo, e conosco também, pois, às vezes, ou quase sempre, tendemos a cobrar dos outros e de nós mesmos além do que convém, colocando sobre os ombros deles e dos nossos um peso além do que podemos realmente carregar. O apóstolo Paulo, em Filipenses 1:6, traz uma palavra que deve nos levar a refletir seriamente a esse respeito: "Tendo por certo isto mesmo, que aquele que em vós começou a boa obra a aperfeiçoará até ao dia de Jesus Cristo". Ora, isso quer dizer que a "obra" de Deus em nós é um processo que só terá fim no "dia de Jesus Cristo", isto é, quando ele voltar. Até lá, Deus está trabalhando na vida de cada um de seus filhos e filhas. Assim, tenha paciência com seus irmãos e irmãs de fé. Tenha paciência consigo mesmo também. Um dia, todos nós seremos plenamente aperfeiçoados, e não restará mais em nós nenhum resquício de pecados. Mas, até lá, tenha muita calma nessa hora! Ore por sua santificação contínua, e também pela de seus irmãos de jornada espiritual. É o máximo que eu e você, sendo ao mesmo tempo santos e pecadores, podemos e devemos fazer.

Essas palavras, no entanto, não devem ser tomadas como um afrouxamento do elevado padrão de vida que o Senhor espera de nós como seus servos. Como nos lembra Myer Pearlman:

> Santidade é a vida regenerada em conformidade com a *natureza divina* e dedicada ao serviço divino, o que pede a remoção de qualquer impureza

que obstrua esse serviço. "Mas, assim como é santo aquele que os chamou, sejam santos vocês também em tudo que fizerem" [1Pedro 1:15]. Assim, a santificação inclui a remoção de qualquer mancha ou sujeira que seja contrária à santidade da natureza divina.[6]

Felizmente, não estamos sozinhos nessa luta para nos tornarmos santos e, portanto, mais parecidos com Jesus. O Espírito Santo, nosso Consolador, está a postos para nos ajudar a atingir a "medida da estatura completa de Cristo" (Efésios 4:13). É o que veremos a seguir.

O ESPÍRITO SANTO NA SANTIFICAÇÃO DO CRENTE

Já vimos que ser santo significa ser separado para Deus, e ser separado para Deus implica ser como Jesus. A Bíblia diz que fomos chamados "para [sermos] conformes à imagem de seu Filho, a fim de que ele seja o primogênito entre muitos irmãos" (Romanos 8:29). Assim, se o Filho é santo, também devemos ser santos: "Sede santos, porque eu sou santo" (1Pedro 1:15-16). Deus deseja que sejamos nivelados por seu mais alto padrão de santidade: Cristo (ainda que a plenitude dessa santidade só ocorra definitivamente quando tivermos o corpo glorificado). Mas não se desespere. Não estamos desacompanhados para atingir essa meta grandiosa. O papel do Espírito Santo é vital em nossa santificação *contínua* e em imprimir em nossa natureza interior o caráter de Cristo. De fato, o Espírito Santo é chamado de "Espírito de santificação" (Romanos 1:4). Ele é Santo e santificador.

Sabemos por experiência própria que não é nada fácil viver uma vida santa em plena conformidade com a vontade do Senhor, ainda mais tendo de lutar diariamente contra o mundo, a carne e o Diabo. Deus sabe disso a nosso respeito. E é justamente aqui que entra em ação o Espírito Santo, que capacita o crente a viver uma vida santa. Há

[6] *Conhecendo as doutrinas da Bíblia*, p. 251.

um salmo que revela essa verdade: "Cria em mim, ó Deus, um coração puro, e renova em mim um espírito reto. Não me lances fora da tua presença, e não retires de mim o teu Espírito Santo" (Salmos 51:10,11). Quando o salmista pede para Deus não retirar o seu Espírito Santo da vida dele é porque sabe que não será possível ter "um coração puro" e "um espírito reto" renovado sem o Espírito Santo. Mas é no Novo Testamento que vemos mais claramente a relação do Espírito Santo com a nossa santificação, confirmando assim as palavras do salmista. Preste atenção nas passagens a seguir:

> Porque os que são segundo a carne inclinam-se para as coisas da carne; mas os que são segundo o Espírito para as coisas do Espírito. Porque a inclinação da carne é morte; mas a inclinação do Espírito é vida e paz. Porquanto a inclinação da carne é inimizade contra Deus, pois não é sujeita à lei de Deus, nem, em verdade, o pode ser. Portanto, os que estão na carne não podem agradar a Deus. Vós, porém, não estais na carne, mas no Espírito, se é que o Espírito de Deus habita em vós. Mas, se alguém não tem o Espírito de Cristo, esse tal não é dele. E, sc Cristo está em vós, o corpo, na verdade, está morto por causa do pecado, mas o espírito vive por causa da justiça. (Romanos 8:5-10)

> Digo, porém: Andai em Espírito, e não cumprireis a concupiscência da carne. Porque a carne cobiça contra o Espírito, e o Espírito contra a carne; e estes opõem-se um ao outro, para que não façais o que quereis. Mas, se sois guiados pelo Espírito, não estais debaixo da lei. [...] Se vivemos em Espírito, andemos também em Espírito. (Gálatas 5:16-18, 25)

> Mas devemos sempre dar graças a Deus por vós, irmãos amados do Senhor, por vos ter Deus elegido desde o princípio para a salvação, em santificação do Espírito, e fé da verdade... (2Tessalonicenses 2:1)

> Eleitos segundo a presciência de Deus Pai, em santificação do Espírito, para a obediência e aspersão do sangue de Jesus Cristo: Graça e paz vos sejam multiplicadas. (1Pedro 1:2).

O Espírito Santo nos capacita a andar em santidade de vida, a lutar contra o poder avassalador do pecado e a vencê-lo. "Mas se é assim", talvez você se pergunte, "por que então tantos cristãos vivem aquém da vontade de Deus em termos de santidade de vida?" Isso acontece porque a santificação contínua é processo que também exige nossa participação. O Espírito revela e a aponta o pecado, testemunha em nosso íntimo o caminho equivocado que estamos trilhando e nos convida gentilmente (e às vezes, se preciso for, pela dor) a retornar para o centro da vontade de Deus. No entanto, ele não nos obriga a nada disso. O Espírito Santo não viola nossa vontade nesse processo. Ele trabalha conosco, mas não faz nossa parte. E aqui temos o importante lembrete do apóstolo Paulo:

> De sorte que, meus amados, assim como sempre obedecestes, não só na minha presença, mas muito mais agora na minha ausência, assim também operai a vossa salvação com temor e tremor; porque Deus é o que opera em vós tanto o querer como o efetuar, segundo a sua boa vontade. (Filipenses 2:12-13)

Embora Deus opere em nós "tanto o querer como o efetuar", e ele o faz por meio de seu Espírito Santo, que testemunha ao nosso espírito, a passagem também diz: "operai a vossa salvação com temor e tremor". Há um papel que nos compete, e isso é muito claro. O texto tanto diz que Deus opera (age, trabalha) em nós quanto nos manda operar (agir, trabalhar). Assim como não convém culpar o Diabo por todos os pecados que cometemos, também não podemos reclamar com o Espírito Santo ao pensar de forma errônea que ele não agiu para nos impedir de pecar. Ora, Espírito nos alerta, mas quem tem de dizer não ao pecado somos nós. Vamos a um exemplo prático: um crente liga a TV ou a Internet, algo muito comum nos dias de hoje, e se depara com pornografia. O Espírito Santo o avisa em seu íntimo que se trata de algo pecaminoso, talvez até mesmo fazendo-o lembrar de passagens bíblicas como estas:

> Porque esta é a vontade de Deus, a vossa santificação; que vos abstenhais da fornicação; que cada um de vós saiba possuir o seu vaso em santificação e honra; não na paixão da concupiscência, como os gentios, que não conhecem a Deus. [...] Porque não nos chamou Deus para a imundícia, mas para a santificação. (1Tessalonicenses 4:3-5, 7)

O crente reconhece o aviso do Espírito em sua mente e em seu coração, mas tem de tomar uma decisão: continuar e cair no pecado ou desligar a TV (ou fechar a página da Internet) e resistir à tentação. Tiago deixa bem claro como funciona o mecanismo do pecado em nossa vida:

> Ninguém, sendo tentado, diga: De Deus sou tentado; porque Deus não pode ser tentado pelo mal, e a ninguém tenta. Mas cada um é tentado, quando atraído e engodado pela sua própria concupiscência. Depois, havendo a concupiscência concebido, dá à luz o pecado; e o pecado, sendo consumado, gera a morte. Não erreis, meus amados irmãos. (Tiago 1:13-16)

Seria muito fácil tentar nos esquivarmos da nossa própria culpa pelo pecado praticado. Jogar a responsabilidade em terceiros é sempre a via mais fácil. Esse foi o caminho escolhido por Adão ("A mulher que me deste por companheira, ela me deu da árvore, e comi" — Gênesis 3:12) e por Eva ("A serpente me enganou, e eu comi" — Gênesis 3:13). Nenhum dos dois quis assumir a própria culpa pelo pecado praticado. Mas vejamos um caso positivo: o de José do Egito. Esse jovem foi vendido como escravo por seus irmãos e foi parar na casa de Potifar, um alto funcionário da corte egípcia. A Bíblia descreve José como "formoso de porte, e de semblante" (Gênesis 39:6). Sua juventude, sua beleza e seu vigor físico atraíram os olhares da mulher de seu senhor: "E aconteceu depois destas coisas que a mulher do seu senhor pôs os olhos em José, e disse: Deita-te comigo" (Gênesis 39:7). José poderia muito bem ter racionalizado: "Bem, ela é minha dona, e eu não passo de um reles escravo; tenho de obedecê-la, afinal, é o que os escravos fazem, não é mesmo? Deus saberá que não tive escolha. Ele me perdoará por isso. A culpa não é minha. Se meus irmãos não tivessem me vendido, eu não precisaria passar por isso." José, no entanto, mesmo sob ferrenha pressão, negou-se a ceder ao assédio de sua senhora. A Bíblia declara:

> Porém ele recusou, e disse à mulher do seu senhor: Eis que o meu senhor não sabe do que há em casa comigo, e entregou em minha mão tudo o que tem; ninguém há maior do que eu nesta casa, e nenhuma coisa me vedou, senão a ti, porquanto tu és sua mulher; como, pois, faria eu tamanha maldade, e pecaria contra Deus? (Gênesis 39:8-9)

Você reparou bem no motivo de José recusar ceder à tentação? Ele nomeou o pecado de "maldade" e foi mais direto: "como, pois, [...] pecaria contra Deus?". José pensou em Deus. Ele sabia que desagradaria seu Senhor Supremo. Sua recusa foi um ato de fé. Ele certamente teve de lutar com seus instintos sexuais, e não deve ter sido fácil resistir àquela mulher em pleno vigor físico. Mas ele mostrou que, sim, é possível vencer a tentação. Trata-se, porém, de uma luta constante. Não pense que o assédio da mulher de Potifar parou por aí. Ela insistia com ele "cada dia [...] para deitar-se com ela", mas José "não lhe [dava] ouvidos" (Gênesis 39:10). Certo dia, no entanto, tomada pelo desejo incontrolável de adulterar, "ela lhe pegou pela sua roupa, dizendo: Deita-te comigo" (Gênesis 39:12a). Mas José manteve-se firme diante da tentação. Àquela altura, ele sabia que não adiantava apenas dialogar e apresentar um testemunho de fidelidade a Deus e a seu amo. Era preciso tomar uma atitude mais drástica diante do pecado, e só lhe restou uma saída: "E ele deixou a sua roupa na mão dela, e fugiu, e saiu para fora" (Gênesis 39:12b). José escapou do pecado. Ele fugiu para não pecar, pois todo pecado é um ato praticado contra Deus. José não ficou flertando com o pecado. Ele não queria ficar à beira do abismo, colocando-se em risco iminente de cair em tentação. José fez o que cada cristão diante da possibilidade de pecar deveria fazer: sair em retirada.

A atitude de José aplica-se não apenas aos pecados de cunho sexual, mas a todos os tipos de pecado: corrupção (que inclui pagamento de propina), consumismo, mentira, racismo, individualismo, fofoca, maledicência, ostentação de vida ou exibicionismo (muito comum hoje nas redes sociais), glutonaria, amor ao dinheiro, sede de poder, ira (inclui aquela raiva desmedida no trânsito, que leva muito crente a perder as estribeiras e senso de cristianismo e civilidade) indiferença à dor alheia (claramente condenada por Jesus na Parábola do Bom Samaritano), soberba, e muitos outros pecados modernos.

O Espírito Santo pode nos ajudar a romper com o ciclo vicioso do pecado em todas as suas manifestações, mas precisamos querer isso também e cumprir a nossa parte nesse processo contínuo de busca pela santificação, "sem a qual ninguém verá o Senhor" (Hebreus 12:14). Como afirma acertadamente o *Comentário bíblico pentecostal*: "[...] a verdadeira santidade somente pode ser forjada pelo Espírito de santidade [Romanos 1:4]. [...] A santidade é um estilo de vida completamente governado pelas ordens do Espírito de Deus..."[7] Sim, o Espírito ordena, e a nós nos cabe obedecer ou não. Em caso de escolher desobedecer, consternamos o Espírito de Deus, razão pela qual somos instados por Paulo: "E não entristeçais o Espírito Santo de Deus, no qual estais selados para o dia da redenção" (Efésios 4:30).

Sem o Espírito Santo trabalhando com nossa disposição, não desfrutaremos da alegria de ver em nós o caráter de Cristo sendo impresso em nosso ser. Comentando essa questão, Antônio Gilberto declara:

> O Espírito Santo é o poder que opera em nós, aperfeiçoando-nos na santidade e fazendo com que Cristo seja uma realidade viva em nossas vidas. Ele faz isso produzindo em nós o fruto do domínio próprio. Ele mostra-nos que não podemos misturar as trevas com a luz (o mal com o bem). Ele cria em nós o desejo de nos separar deste mundo pecaminoso, vivendo de uma maneira que agrade a Deus.[8]

---

[7] P. 1183.

[8] *Doutrina bíblica e usos e costumes na igreja*, p. 222.

Uma forma de o Espírito estampar em nosso ser o caráter de Cristo é fazendo frutificar em nós seu "o fruto", que é claramente visto na vida santa e irrepreensível do Senhor Jesus: amor, gozo, paz, longanimidade, benignidade, bondade, fé, mansidão, temperança" (Gálatas 5:22). Trata-se de um conjunto harmonioso. O "fruto" do Espírito é a reunião desses nove itens reunidos (eles são, portanto, inseparáveis). Mas, para efeitos práticos e didáticos, vamos isolar um desses elementos que compõem o fruto do Espírito: a *temperança*, sinônimo de "domínio próprio" ou "autodomínio".

Ao comentar sobre esse elemento específico do fruto do Espírito, no contexto de Gálatas 5:22-23 — que contrasta as obras da carne e o fruto do Espírito —, o pastor Antônio Gilberto declara sabiamente (e confirmando tudo o que temos dito até este momento):

> [...] o autocontrole como fruto do Espírito contrabalança todas as obras da nossa natureza pecaminosa. Uma vez sendo salvos e o Espírito Santo resida em nossa vida, não estamos mais debaixo da servidão da nossa natureza pecaminosa. Entretanto, por todo o decurso de nossa vida terrena teremos de exercer um controle disciplinado sobre os nossos desejos carnais. A carne (a nossa natureza pecaminosa) fará tudo que puder para readquirir o controle de nossa vida. Mas, à medida que deixarmos o controle do nosso ser ao encargo do Espírito Santo, Ele mantém a carne sob o controle e assim ela não terá mais controle sobre nós. É deste modo que ocorre o autocontrole.[9]
>
> Ser santo significa ser parecido com Cristo. As características chamadas de fruto do Espírito, em Gálatas 5:22,23, são as características de Cristo, que são produzidas em nós pelo Espírito Santo, conforme vamos nos submetendo ao Seu controle. O autocontrole é a característica que nos possibilita separar-nos do mundo e consagrar-nos a Deus. É o processo mediante o qual a santidade é aperfeiçoada em nós. Ser santo é ter autocontrole. Ter autocontrole é ser controlado pelo Espírito!

[9] *Fruto do Espírito*, p. 223.

Mais à frente, ele arremata sua linha de argumentação:

> O aspecto final do fruto do Espírito Santo é o autocontrole, ou seja, o domínio próprio, que é ilustrado mediante o treinamento rigoroso e a disciplina dos atletas que se esforçam para ganhar o prêmio. O autocontrole envolve o domínio das paixões sensuais e a moderação nos hábitos diários, em contraste com a indulgência demasiada. O crente é exortado a viver uma vida bem equilibrada, sem excessos. As áreas específicas sobre as quais o domínio próprio é exercido são o controle da língua, dos impulsos sexuais, do uso do tempo, dos pensamentos, a temperança no comer e no beber. O autocontrole torna-se possível por causa da nova natureza que foi criada dentro de nós, a qual cede o controle da vida aos cuidados do Espírito Santo. O autocontrole é essencial para que o crente leve uma vida santa. Na realidade, o domínio próprio consiste no controle do Espírito, ou a outorga voluntária de todos os aspectos de nossa vida ao controle do Espírito Santo.[10]

Se o autocontrole é um problema para você (que facilmente fica irado e perde o controle com os filhos; no trânsito; na fila do banco ou do supermercado; ao conversar com atendente de telemarketing; no uso da Internet ou da TV etc), então já sabe o que fazer: recorra ao seu Consolador, ao Espírito Santo, aquele que "intercede por nós com gemidos inexprimíveis" (Romanos 8:26), e peça a ele para desenvolver mais e mais esse poderoso elemento do fruto que dele provém. Isso é um assunto extremamente sério, como nos lembra o *Comentário bíblico pentecostal*: "Alguém que professa a fé em Cristo, mas é irreverente sobre o chamado para a vida santa está fazendo um trabalho superficial e corre o risco de incorrer no julgamento de Deus."[11]

É claro que a motivação para viver uma vida santa não deve se fixar no medo de incorrer no julgamento de Deus, mas, querendo ou

---

[10] *Fruto do Espírito*, p. 240.

[11] P. 1389.

não, isso pode acabar contribuindo para a tomada de consciência do cristão que está titubeando na fé e na vida cristã. Sobre isso, há um caso real bem interessante relatado pelo pastor Jack Deere, um antigo professor do tradicional Seminário Teológico de Dallas e que se tornou pentecostal depois de ser batizado com o Espírito Santo. Ele relata o que houve certa noite num culto em uma igreja em que Deus havia se manifestado poderosamente por meio de revelações: "As pessoas foram vencidas pela presença do Senhor. Algumas choravam de modo incontrolável. Outras, com medo de que seus pecados fossem revelados, arrependeram-se deles e passaram a levar uma vida santa."[12] O Espírito Santo pode usar até mesmo esse expediente para fazer o crente despertar de sua vida em desacordo com a vontade de Deus. Mas que seja um recurso extraordinário! No entanto, temos de concordar que não deixa de ser um recurso interessante. O escritor Myer Pearlman tem uma frase que nos leva a pensar na praticidade desse recurso: "Esse mundo não é nenhum amigo da graça, e precisamos de toda a ajuda e incentivo à santidade".[13] Nessas horas, então, todo incentivo é bem-vindo! Tenho de concordar plenamente com ele. Mas que o normal em nossa vida seja viver em santidade porque amamos a Deus e a sua Palavra, e não porque ele poderá trazer à tona os nossos pecados.

Myer Pearlman também salientou outro ponto igualmente importante: "Uma vida de santidade é a mais forte repreensão contra os ímpios."[14] Sim, é a mais pura verdade. Lamentavelmente, quando o crente não vive uma vida de santidade, ele dá um péssimo testemunho e traz vergonha ao evangelho e ao nome do Senhor. Com isso, não apenas aquele crente, mas a igreja a quem ele representa, perde a autoridade para condenar o mundo e suas práticas. No entanto, quando o crente se dedica a uma vida santificada, ele tem autoridade moral em Cristo Jesus para exercer seu ministério de repreender o mundo. Portanto,

---

[12] *Surpreendido pelo poder de Deus*, p. 204.
[13] *Epístolas Paulinas: semeando as doutrinas cristãs*, p. 218.
[14] *Atos: e a igreja se fez missões*, p. 86.

temos todos os motivos para viver uma vida de santificação e honra. Trata-se de um privilégio, mas também de uma grande responsabilidade. Felizmente, como vimos, não estamos sozinhos nessa tarefa para nos sairmos vitoriosos. O Espírito Santo está conosco. Glória a Deus!

Depois de discorrermos sobre o papel do Espírito Santo na santificação, desejo concluir este capítulo falando sobre a importância da volta de Jesus para nos estimular a viver uma vida de santificação e honra.

A IMPORTÂNCIA DA VOLTA DE JESUS PARA UMA VIDA SANTIFICADA

Jesus está voltando. Ouço isso desde que converti, e nutro a esperança de vê-lo ainda "vindo sobre as nuvens do céu, com poder e grande glória" (Mateus 24:30). Toda vez que canto o hino "O dia do triunfo" (número 48 da *Harpa Cristã*, o hinário oficial das Assembleias de Deus), fico profundamente tocado, sobretudo quando o refrão diz: "Pela graça de Jesus eu lá estarei!". Esta é a minha confiança nestes sessenta anos de conversão ao Senhor. Se você ainda não conhece esse hino maravilho, ei-lo (se conhece, então cante-o de todo o coração):

Quando lá do céu descendo,
para os seus, Jesus voltar,
E o clarim de Deus a todos proclamar,
Que chegou o grande dia do triunfar do meu Rei,
Eu, por sua imensa graça, lá estarei.

Quando enfim, chegar o dia
Do triunfar do meu Rei,
Quando enfim, chegar o dia,
Pela graça de Jesus eu lá estarei!

Nesse dia, quando os mortos
hão de a voz de Cristo ouvir,
E dos seus sepulcros hão de ressurgir,
Os remidos reunidos, logo aclamarão seu Rei,
E, por sua imensa graça, lá estarei.

Pelo mundo, rejeitado foi,
Jesus, meu Salvador.
Desprezaram, insultaram meu Senhor,
Mas, faustoso, vem o dia
do triunfar do meu Rei,
E, por sua imensa graça, lá estarei.

Em mim mesmo, nada tenho em que possa confiar,
Mas Jesus morreu na cruz pra me salvar;
Tão somente nele espero, sim, e sempre esperarei.
Pois, por sua imensa graça, lá estarei.[15]

É impossível cantar esse hino e não sentir a presença do Senhor se aproximando.

Em eventos mundiais, como a Copa do Mundo, os ganhadores são recebidos em casa como celebridades. Além de aguardada, a passagem dos campeões gera muitos preparativos e muitas mudanças. A cidade é arrumada e enfeitada, ruas são fechadas, o trânsito é desviado etc. Há muita expectativa, ansiedade e curiosidade. Eles geralmente são conduzidos de um aparato de segurança incrível, pois todos querem tocar nos seus ídolos do futebol, bem como querem ver a taça que representa a glória daquele momento. A multidão canta e exulta de alegria.

A Igreja também aguarda a vinda de alguém muito ilustre: o seu Noivo, o "Rei da Glória" (Salmos 24:10) que virá "com poder e grande glória" (Lucas 21:27). Ele não virá sozinho; virá com os "santos" — anjos e humanos aperfeiçoados (1Tessalonicenses 3:13). Essa vinda será precedida de sinais e maravilhas, que produzirão "exultação" e "ação" (Lucas 21:28), além de medo e perplexidade em alguns. Para os crentes, o tempo que antecede a Segunda Vinda deve ser um período de alegria, de exultação e de ação ou preparação. Assim, prepare-se para se encontrar com o seu Rei! O que está incluído nessa preparação? Veja:

---

[15] H. M. W H. Maxwell Wrigth.

- É preciso que tenhamos um coração desejoso de buscar uma vida de santidade (1Tessalonicenses 3:13). O coração não deve se entregar a um padrão de vida contrário ao desejo do Rei para a nossa vida (Lucas 21:34; veja também Mateus 24:37-39).
- Devemos reparar as deficiências da nossa fé (1Tessalonicenses 3:9).
- É tempo de jejuar, orar e vigiar (Lucas 21:36).

Que Jesus vai voltar segunda vez isso é certeza. Está lá em Hebreus: "Cristo [...] aparecerá segunda vez, sem pecado, aos que o esperam para salvação" (9:28). Assim como aconteceu em sua primeira vinda, ele espera arrependimento e fé daqueles que o seguem. Que todos nós possamos "estar em pé diante do Filho do Homem" (Lucas 21:36). Que essas práticas sejam fruto de nossa salvação em Cristo (Mateus 7:21-23). Este o é tempo de nos voltarmos para o nosso Deus, o "Deus de perto", como vimos no Capítulo 1. É tempo de nos firmarmos na verdadeira fé, aguardando com expectativa a chegada dos "novos céus e nova terra, em que habita a justiça" (2Pedro 3:13; confira também Apocalipse 21:1-5). É tempo de arrependimento, de abandono de obras mortas e de uma vida completamente consagrada ao Senhor.

A doutrina da Segunda Vinda de Jesus deve ser um excelente motivador para que vivamos em santidade de vida. Como destacou Myer Pearlman: "Que inspiração para uma vida santa é sabermos que um dia seremos como Ele! [1João 3:1-3]."[16] Outro teólogo pentecostal, Stanley Horton, também destaca o valor máximo dessa doutrina para a nossa vida, tomando como ponto de partida o que aconteceu com a igreja de Sardes, citada em Apocalipse 3:1-13:

> Ao negligenciarem a esperança do retorno de Jesus, e ao falharem no depender do Espírito Santo para iluminar-lhes as verdades e dar-lhes

---

[16] *Epístolas Paulinas: semeando as doutrinas cristãs*, p. 218.

poder para viverem uma vida santa, os crentes em Sardes haviam manchado suas vestimentas. Isto é: não mais estavam cooperando com o Espírito Santo no trabalho de santificação. Não mais obedeciam [ao] mandamento de se guardarem puros e imaculados da influência do mundo [Tiago 1:27]. Precisavam colocar de lado tudo o que pudesse contaminá-los, especialmente a malícia, o rancor, a inveja e outros vícios perversos que caracterizam o mundo. Precisavam também ser submissos à Palavra de Deus e aos seus ensinos com humildade de espírito [Tiago 1:21].[17]

Horton reafirma essas verdades em outro livro, quando declara:

Há outro ponto significativo na doutrina da segunda vinda de Cristo: é o incentivo a uma vida santa. A certeza de que o Senhor pode vir a qualquer momento, desperta-nos da letargia, reacendendo-nos as chamas do primeiro amor. Se temos esta esperança, purifiquemo-nos a nós mesmos, pois, para tanto foram-nos concedidos abundantes recursos espirituais. Sim, é possível viver de maneira agradável ao Senhor [Mateus 25:6,7; 2Pedro 3:11; 1João 3:3]. A vigilância é a atitude apropriada do crente fiel. Estejamos alertas, esperando continuamente pela vinda de Cristo [Mateus 24:44; Marcos 13:35,36; 1Tessalonicenses 5:8 e 1João 2:28].[18]

Duas outras advertências são igualmente importantes:

Convencido de que o Reino está vindo, que tipo de pessoas devemos ser (cf. [2Pedro 3:11-13])? Os seguidores de Jesus têm de viver uma vida santa, levando em conta estes acontecimentos excitantes que se darão, e não se entregar às tentações do mundo. Ninguém tem tanto a aguardar atenciosamente do que nós. Nós sabemos qual será o resultado da história — o estabelecimento do Reino eterno de Deus. Nós sabemos quem

[17] *A vitória final*, p. 57.

[18] *Doutrinas bíblicas: uma perspectiva pentecostal*, p. 227.

nos saudará e nos abençoará quando Cristo voltar com grande poder e glória. Nós até sabemos como Ele será, porque lemos sobre seu caráter ao longo dos Evangelhos. Nós sabemos que seus caminhos têm de moldar nosso comportamento e relações e influenciar nossa vida.

A volta do Senhor torna urgente que nos guardemos contra os cuidados terrenos e interesses mundanos. Jesus exige que tenhamos um viver fiel até que o vejamos face a face. "E olhai por vós, para que não aconteça que o vosso coração se carregue de glutonaria, de embriaguez, e dos cuidados da vida, e venha sobre vós de improviso aquele dia" [Lucas 21:34]. Esta advertência é contra os pecados da orgia, da bebedeira e da preocupação constante com os negócios da vida. Tal estilo de vida destrói nossa fidelidade e faz com que o coração fique carregado de preocupações mundanas.[19]

A vida do crente de fé sob a nova aliança da graça, como resultado da plena revelação de Deus em seu Filho e de sua morte sacrificial, é acompanhada por maiores privilégios e responsabilidades. Não devemos simplesmente perseverar na fé e receber aquilo que Deus nos prometeu através de sua Palavra; devemos também compartilhar sua santidade" [12:10] e viver uma vida que seja santa para com o Senhor [12:14].[20]

À luz de tudo isso que foi exposto até aqui, que esta seja a nossa sincera oração: "Deus Santo, obrigado porque Jesus está vindo. Ao chegar, que ele encontre em mim um crente exultante e ativo na sua obra, mas que ele também veja em mim os frutos próprios de arrependimento refletidos em uma vida de santidade para tua honra e glória. Que eu permaneça jejuando, vigiando e orando, sem nunca esmorecer. Em nome de Jesus. *Amém*."

Quero encerrar este capítulo com uma citação de Stanley Horton, que arremata com perfeição tudo o que tratamos neste capítulo:

---

[19] *Comentário bíblico pentecostal*, p. 458.
[20] *Comentário bíblico pentecostal*, p. 1.634.

> O Apocalipse termina com uma bênção, assegurando-nos que a graça de nosso Senhor Jesus Cristo estará conosco até que Ele venha. Sua graça inclui não somente seu favor imerecido, que providencia o perdão de nossos pecados, como também poder para vivermos uma vida santa até o final [Tito 2:11-14]. Acrescentemos, pois, o nosso "amém" a esta bênção.[21]

Como é bom sabermos que, a despeito do que somos, de nossas imperfeições, Deus nos considera "santos". Mas não somos aquele tipo de "santos" para quem as pessoas, em sua ignorância, rezam. Somos, na verdade, santos que oram. O chamado à oração deve acompanhar nossa vida de santidade, como veremos no capítulo seguinte.

[21] *A vitória final*, p. 333.

5

Chamados para orar

Orai sem cessar. (1Tessalonicenses 5:17)

Perseverai na oração. (Romanos 12:12)

Falar sobre a oração é algo me deixa profundamente à vontade e emocionado. Este capítulo é, verdadeiramente, de especial importância para mim.

O chamado à oração é, sem sombra de dúvidas, uma das grandes convocações de Deus para o seu povo. É impossível não lembrar nesta hora da passagem de 2Crônicas 7:14: "E se o meu povo, que se chama pelo meu nome, se humilhar, e orar, e buscar a minha face e se converter dos seus maus caminhos, então eu ouvirei dos céus, e perdoarei os seus pecados, e sararei a sua terra". Essa importante passagem bíblica faz menção aos elementos dos capítulos anteriores: o povo de Deus é chamado para nele crer (*buscar a sua face* e *levar o seu nome*), se arrepender e levar uma vida santa (*se humilhar* e *se converter dos seus maus caminhos*). Aliado a tudo isso está a prática da oração (*e orar*).

O exercício da oração é um poderoso instrumento de crescimento espiritual e deve ser enfatizado e resgatado em nosso meio. Infelizmente, os cultos de oração andam pouco frequentados em muitas comunidades evangélicas, até mesmo no meio pentecostal, que tradicionalmente era conhecido por seu zelo nessa área da espiritualidade cristã. O povo de Deus já não ora como antigamente, e digo isso com dor no coração. Já fomos muito mais fervorosos nessa prática, mas nunca é tarde para reacender a chama do poder da oração em nossa vida individual e congregacional. Infelizmente, a negligência a essa prática tem levado a um esfriamento espiritual sem precedentes no arraial evangélico. Muitos falam em avivamento, mas não querem pagar o preço de dedicar horas falando com Deus, derramando-se em sua presença. Enquanto a oração ainda for vista como mais uma parte de uma liturgia para manter as aparências, e não como uma necessidade diária da alma, continuaremos a ter gerações que oram, mas que não se conectam realmente com o Deus que ouve orações.

O chamado à oração deve ser uma constante na vida de todos os cristãos, e sobretudo na vida do líder, do pastor de ovelhas. Descobri isso desde cedo na minha com Cristo. Assim que me converti, e isso faz quase 60 anos, aprendi o valor de aplicar Romanos 12:12 ("Perseverai na oração") e 1Tessalonicenses 5:17 ("Orai sem cessar") na minha vida de novato na fé. E aqui me lembro de um culto em especial, que aconteceu uns seis meses depois em que fui batizado nas águas, e gostaria de partilhar esse testemunho com você.

Eu havia sido designado para dirigir um culto de oração. Lá fui todo empolgado e meio nervoso também, pois seria a primeira vez que faria algo assim. Era um misto de sentimentos muito fortes, mas eu desejava ardentemente estar na presença do Senhor juntamente com meus irmãos na fé. Mas aquele dia era também especialmente desafiador, pois chovia muito em São Paulo. Era uma chuva torrencial. Ao chegar ao local, as portas ainda estavam fechadas, e a zeladora abriu a igreja assim que cheguei. O tempo estava passando, e ninguém aparecia. As águas do dilúvio não paravam de cair. Mas era um culto de oração, e fui designado para dirigi-lo, e foi o que fiz. Éramos eu e Deus naquela congregação (a zeladora estava em seus afazeres).

Assim, cantei dois hinos, li um texto bíblico, ajoelhei-me e comecei a orar ao Senhor. Em certo momento, aconteceu algo que marcou profundamente minha vida: senti a presença do Espírito Santo de Deus de uma forma indescritível e, quando dei por mim, estava em estado de êxtase espiritual e falando em línguas. Eu havia sido batizado no Espírito Santo. Que noite maravilhosa! Que culto de oração abençoado! Ah, e foi barulhento como no dia de Pentecostes, pois a zeladora pensou que havia chegado mais gente na igreja. No entanto, ao chegar no santuário, ela se espantou ao me ver sozinho e falando em línguas, e glorificou a Deus.

Depois que o culto terminou, fui para casa e cheguei lá falando em línguas. Ninguém entendeu absolutamente nada, pois todos eram de uma igreja tradicional (somente tempos depois é que se tornariam pentecostais). Essa, porém, é outra história. O fato que quero destacar é que foi num culto de oração que recebi a "segunda bênção", como nós, pentecostais clássicos, chamamos o batismo no Espírito Santo (a primeira é a salvação em Cristo Jesus). Acreditamos que o batismo no Espírito Santo é uma experiência separada da conversão e posterior a ela. Essa verdade bíblica é o sétimo dos dezesseis pontos doutrinários da Assembleia de Deus de Guarulhos (Ministério de Madureira), e que também são partilhados pelas herdeiras da primeira Assembleia de Deus estabelecida em Hot Springs, Arkansas, EUA, em 1914: De acordo com a doutrina assembleiana fortemente embasada nas Escrituras:

> Esse batismo espiritual traz poder ao crente para que este viva uma vida cristã estável e em contínuo crescimento e que tenha um testemunho efetivo e de poder. Todos os crentes devem ardentemente esperar e buscar com sinceridade a promessa do Pai, o batismo no Espírito Santo, de acordo com a ordem de Jesus (Lucas 24:49; Atos 1:4, 8; 8:12-17; 10:44-46; 11:14-16; 15:7-9; 1Coríntios 12:1-31). O batismo no Espírito Santo traz plenitude transbordante do Espírito (João 7:37-39; Atos 4:8), entrega profunda a Deus (Atos 2:43; Hebreus 12:28); consagração intensificada

ao Senhor e dedicação à sua obra (Atos 2:42); e um amor mais ativo por Cristo, por sua Palavra e pelos perdidos (Marcos 16:20).[1]

Louvo a Deus por aquele culto de oração que marcou a minha vida espiritual para sempre. Desde então, tenho valorizado essa prática em minha vida e experimentado diariamente o poder de Deus ao longo desses sessenta anos de vida cristã. Ao discorrer sobre esse assunto, estou falando de algo que vivi profundamente e que ainda vivo de forma intensa, algo que ainda experimento a cada dia com o mesmo sabor e vigor como se fosse o primeiro dia. Faço questão de continuar a prezar esse exercício espiritual tão amplamente mencionado na Bíblia Sagrada, e desejo que você faça o mesmo ao aceitar o chamado do Senhor para uma vida de oração.

Se perguntarem a uma criança o que é orar, ela certamente saberá dizer da forma menos descomplicada e mais clara possível: "É falar com Deus" (meus netos e netas já sabem disso). É simples assim! Não precisamos de uma enciclopédia bíblica ou de um manual de teologia sistemática para saber o que é oração. Não estou aqui para desenvolver uma teologia da oração. Deixarei essa tarefa para os mestres e doutores em teologia. Já parto do princípio de que todos nós já sabemos do que se trata. O problema é que, embora muitos conheçam a definição de oração, são poucos os que realmente investem *bastante tempo* nessa atividade espiritual altamente importante para a vida em Cristo. Meu propósito com este capítulo é despertar no povo de Deus a necessidade de dedicar *mais tempo* a essa tarefa sagrada, indo além de uma simples oração antes das refeições ("Obrigado, Senhor, pela refeição, em nome de Jesus, amém") ou antes de dormir ("Senhor, concede-me uma noite de sono agradável, em nome de Jesus, amém!). Embora seja bom, aconselhável e importante orar antes das refeições e antes de dormir, o

---

[1] Publicado no encarte de *A Bíblia Sagrada: edição comemorativa pela inauguração da nova sede da Assembleia de Deus de Guarulhos (Ministério de Madureira)* (Rio de Janeiro: Thomas Nelson Brasil, 2018).

triste é que muitos só se limitam a orar nessas horas, e economizando o quanto podem nas palavras, uma economia que deixa a desejar na vida espiritual.

Espero que você termine este capítulo com o desejo de orar mais e mais, de dedicar mais tempo à oração, de falar mais com o Senhor, aproximando-se e tornando-se mais íntimo dele. Quero lhe mostrar que a oração é algo em que vale a pena investir muito tempo e esforço, além de mostrar que, quanto mais nos dedicarmos a essa prática, mais ganharemos espiritualmente. Para destacar esses pontos, quero partir não de meras exposições teóricas, mas do nosso maior exemplo prático e concreto de vida de oração: o Senhor Jesus. Com ele aprenderemos como orar, acerca do que devemos orar, em que ocasiões orar, em que horários orar, por quem orar, com que regularidade etc. Enfim, temos muito a aprender com Jesus sobre o tópico oração.

Antes de prosseguir, porém, os leitores talvez sintam falta de outros exemplos práticos e concretos de homens e mulheres dos tempos bíblicos, tanto do Antigo quanto do Novo Testamento, que tinham uma vida de oração na presença de Deus, como era o caso dos patriarcas Abraão (Gênesis 15:2; 17:17-20; 18:23-32; 20:7,17-18) e Jacó (Gênesis 32:9-12); dos líderes Moisés (Êxodo 32:11-13; 33:12-16; Números 12:13; 14:13; 27:15-17), Josué (Josué 7:7-9) e Neemias (Neemias 1:5-11; 4:4-5); dos reis Davi (2Samuel 7:18-29; Salmos 51; 1Crônicas 29:10-19), Salomão (1Reis 3:5-9; 8:23-61), Asa (2Crônicas 14:11), Josafá (2Crônicas 20:6-13) e Ezequias (2Reis 19:15-19; 20:3); dos profetas Elias (1Reis 17:20; 18:36-37; 19:4), Eliseu (2Reis 6:17-18), Ezequiel (Ezequiel 9:8), Jeremias (Jeremias 14:7-9; 15:15-18) e Daniel (Daniel 9:4-19); de mulheres como Ana (1Samuel 1:10-15, 27); dos apóstolos Pedro (Atos 9:40) e Paulo (Atos 16:25-26; 28:8), entre muitos outros.

É evidente que reconheço todos esses exemplos, pois também aprendi muito com todos eles. No entanto, este não é um livro exclusivo sobre oração. Se fôssemos listar todos os demais exemplos e extrair lições práticas para nossa vida, isso daria um livro imenso, e não temos espaço para descrever todas essas orações aqui.

Assim, dadas as devidas explicações, vamos então analisar a vida de oração de Jesus e ver como enriquecer a nossa própria vida de oração a partir do exemplo de nosso Salvador.

JESUS: NOSSO MAIOR EXEMPLO DE ORAÇÃO

Sede meus imitadores, como também eu de Cristo (1Coríntios 11:1)

Essas palavras do apóstolo Paulo, que, além de ser muito letrado (Atos 22:3) e de falar em línguas (1Coríntios 14:18), era um homem de oração, mostram que Jesus é nosso exemplo supremo. Paulo só se vê como exemplo para a igreja de Deus à medida que ele próprio se reconhece como imitador de Cristo. Na condição de "autor e consumador da fé" (Hebreus 12:2), é a Jesus a quem devemos recorrer ao falar da importância do nosso chamado à oração. Os exemplos deixados por Jesus já seriam o bastante para que escrevêssemos um único livro bastante volumoso apenas sobre esse assunto.

A autoridade de Jesus nessa área é fartamente documentada nos Evangelhos. Certa ocasião, os discípulos lhe fizeram este pedido: "Senhor, ensina-nos a orar" (Lucas 11:1). Mateus mostra a resposta de Jesus a esse pedido:[2]

> E, quando orares, não sejas como os hipócritas; pois se comprazem em orar em pé nas sinagogas, e às esquinas das ruas, para serem vistos pelos homens. Em verdade vos digo que já receberam o seu galardão. Mas tu, quando orares, entra no teu aposento e, fechando a tua porta, ora a teu Pai que está em secreto; e teu Pai, que vê em secreto, te recompensará publicamente. E, orando, não useis de vãs repetições, como os gentios,

[2] O *Comentário bíblico pentecostal* declara: "Entre os escritores dos Evangelhos só Mateus apresenta estas declarações de Jesus concernentes à esmola, oração e jejum, as quais eram exigências básicas do judaísmo..." (p. 49).

que pensam que por muito falarem serão ouvidos. Não vos assemelheis, pois, a eles; porque vosso Pai sabe o que vos é necessário, antes de vós lho pedirdes. (Mateus 6:5-8)

Há quem veja nesses versículos um ataque de Jesus às orações feitas em pé e em público. Mas pensar assim é um grande erro, por duas razões básicas: (1) o próprio Jesus orava em público (Mateus 11:25-26; João 11:41-42), o que indica que se trata de algo perfeitamente normal; e (2) na Parábola do Fariseu e do Publicano (Lucas 18:10-14), Jesus afirma que tanto o fariseu quanto o publicano estavam orando "em pé", e ele não fez nenhum comentário negativo a respeito dessa posição — que era a postura mais comum de um judeu orar[3] —, mas somente a respeito da atitude arrogante do fariseu; sobre o publicano, Jesus disse: "Digo-vos que este desceu justificado para sua casa, e não aquele; porque qualquer que a si mesmo se exalta será humilhado, e qualquer que a si mesmo se humilha será exaltado" (Lucas 18:10-14). Estas palavras do *Comentário bíblico pentecostal* lançam mais luz sobre essa questão:

> Jesus está mais preocupado com a ardilosa orquestração de religiosidade. Na hora da oração, os espalhafatosos membros dos fariseus forjavam a aparência em lugares abarrotados de gente só para "mostrar" que eram santos. [...] Jesus conclama os discípulos a evitar a tentação do exibicionismo espiritual [...][4]

---

[3] Orlando Boyer lista vários tipos de posição para orar: *de joelhos* (1Reis 8:54; 2Crônicas 6:13; Salmos 95:6; Isaías 45:23; Lucas 22:41; Atos 7:60; 9:40; Efésios 3:14); *inclinado ou prostrado* (Gênesis 24:26,52; Êxodo 4:31; 12:27; Mateus 26:39; Marcos 14:35); *com as mãos estendidas para os céus* (1Reis 8:22,38,54; Salmos 28:2; 63:4; 88:9; 1Timóteo 2:8); *em pé* (1Reis 8:14,55; 2Crônicas 20:9) (*Pequena enciclopédia bíblica*, p. 555). Jesus conhecia as Escrituras e não ditou uma postura única para o crente orar. O que realmente importa é a oração em si. Nós, assembleianos, temos por hábito sempre orar de joelhos assim que chegamos à igreja. No entanto, há pessoas que, por limitações físicas, não podem dobrar os joelhos ou preferem orar sentados mesmos. Quem conhece as Escrituras não imporá essa ou aquela posição.

[4] *Comentário bíblico pentecostal* declara, p. 50.

Além de censurar o "exibicionismo espiritual" dos fariseus — o que eles queriam mesmo era "serem vistos pelos homens" —, Jesus também adverte os discípulos a não usarem de "vãs repetições, como os gentios". Será que Jesus estaria condenando orações repetidas? Mais uma vez, o *Comentário bíblico pentecostal* esclarece esse ponto: "Jesus não está proferindo uma proibição contra toda repetição na oração; caso contrário os Salmos teriam que ser descartados, e a oração de Jesus no jardim do Getsêmani violaria o seu próprio princípio".[5] O próprio *Comentário bíblico pentecostal* destaca algo muito importante: antes da palavra "repetições", Jesus usou o termo "vãs": "A RC [Almeida Corrigida] faz boa versão quando traduz Mateus 6:7 por: 'Não useis de vãs repetições.'"[6] Assim, Jesus não condenou qualquer repetição, mas as repetições inúteis, como as palavras mágicas que os pagãos usavam na tentativa de manipular a divindade para realizar as suas vontades. O *Comentário bíblico pentecostal* faz uma aplicação interessante dessas palavras de Jesus para os nossos dias:

> Os atuais esforços em "usar" o nome de Jesus somente para obter o que quer que se queira tem mais laivos desta prática pagã do que o genuíno esforço de orar (cf. [Atos 19:13-17]). Repetição e decibéis não tornam Deus mais capaz de ouvir. Um deus com um déficit de atenção e deficiência de audição é um conceito pagão.[7]

O que aprendemos então com Jesus? A oração é um momento em que estamos diante do Deus onipotente (poderoso para ouvir a oração de todos os seus servos), Onipresente (pode nos ouvir onde quer que estejamos, em público ou privadamente) e Onisciente (ele sabe de tudo o que necessitamos, mesmo antes de pedir). A verdadeira oração nos ensina algo sobre o caráter de Deus e também nos ensina a como nos

[5] P. 51.
[6] P. 51.
[7] P. 51.

comportar diante dele (sem hipocrisia, nem manipulações, mas com espírito confiante e contrito). Aprendemos tudo isso à luz das poucas palavras de Jesus.

Mas Jesus foi mais além. Ele ensinou seus seguidores a orar. Ele lhes deu um "modelo" de oração, o qual ficou conhecido como "Oração do Pai Nosso" ou "Oração do Senhor":[8]

> Portanto, vós orareis assim: Pai nosso, que estás nos céus, santificado seja o teu nome; venha o teu reino, seja feita a tua vontade, assim na terra como no céu; o pão nosso de cada dia nos dá hoje; e perdoa-nos as nossas dívidas, assim como nós perdoamos aos nossos devedores; e não nos conduzas à tentação; mas livra-nos do mal; porque teu é o reino, e o poder, e a glória, para sempre. Amém. (Mateus 6:5-13)

Além de Mateus, Lucas também registra a Oração do Senhor, mas com algumas diferenças (Lucas 11:1-4), o que mostra que se trata mais de uma "oração-modelo", um "esboço", do que de uma oração a ser decorada e repetida pela congregação ou individualmente. No entanto, o *Comentário bíblico pentecostal* não vê problema em alguém ou a igreja usar essa oração dominicalmente: "[...] mas não há nada nesta passagem [...] que proíba o uso destas palavras de Jesus na oração congregacional e em particular".[9] Enfim, cada crente com sua consciência treinada à luz das Escrituras deve decidir o que fazer a esse respeito.

Ao adotarmos a Oração do Pai Nosso como um modelo, fica evidente o que Jesus gostaria que nossas orações contivessem: "A primeira metade da Oração do Senhor (vv. 9,10) atém-se em honrar a Deus e seu Reino. A outra metade (vv. 11-13) consiste em pedidos pelas necessidades pessoais dos discípulos".[10] O que podemos aprender disso? Antes de tudo, que Deus e seu reino sempre vêm em primeiro lugar.

---

[8] Expressão usada no *Comentário bíblico pentecostal*, p. 51.
[9] P. 51.
[10] *Comentário bíblico pentecostal*, p. 52.

É o que está em Mateus 6:33: "Mas, buscai primeiro o reino de Deus, e a sua justiça, e todas estas coisas vos serão acrescentadas". Muitos buscam primeiro as *bênçãos do Senhor* em vez de buscarem em primeiro lugar o *Senhor das bênçãos.* Jesus deixou claro qual é a ordem: Deus sempre em primeiro lugar ("Amarás o Senhor teu Deus de todo o teu coração, e de toda a tua alma, e de todo o teu pensamento. Este é o primeiro e grande mandamento" — Mateus 22:37-38). Mas também não podemos nos esquecer de nossas necessidades físicas, emocionais e espirituais e as do nosso próximo ("E o segundo, semelhante a este, é: Amarás o teu próximo como a ti mesmo. Destes dois mandamentos dependem toda a lei e os profetas" — Mateus 22:39-40). A Oração do Pai Nosso é, na verdade, uma aplicação dos dois grandes mandamentos. Todas as palavras de Jesus estão interligadas a esses mandamentos. Na passagem da Tentação, Jesus disse suas coisas que se ajustam à Oração do Senhor e aos Dois Mandamentos: "Ao Senhor teu Deus adorarás, e só a ele servirás" (Mateus 4:10) e "Nem só de pão viverá o homem, mas de toda a palavra que sai da boca de Deus" (Mateus 4:4).

Quem leva a sério o que Jesus ensinou sobre a oração, não vai ficar por aí correndo atrás de bênçãos materiais a torto e a direito, fazendo disso o grande alvo de sua vida e correndo o risco de se deixar enganar por falsos profetas. Nos dias de hoje, o que não falta é gente tentando barganhar com Deus ou passando cheque sem fundo esperando que Deus milagrosamente resolva o problema do seu calote ou sua falta de caráter. Essas pessoas só querem a segunda parte da Oração do Pai Nosso, mas não querem cumprir a responsabilidade exigida na primeira parte da oração. Quem segue o padrão de Jesus não incorrerá em erro a esse respeito. Embora saibamos que necessidades físicas e materiais são legítimas, e que a prosperidade também faz parte da vontade de Deus para a nossa vida a fim de sermos abençoados e de abençoarmos a outros (veja Tiago 2), temos de reconhecer que o suprimento de todas as nossas necessidades passa, antes de tudo, por nossa total dependência de Deus, aquele a quem devemos dar a primazia em nossa vida.

A vida de oração de Jesus foi testemunhada por muitos de seus discípulos. Ele não ensinava apenas por palavras, mas sobretudo por ações. Muitos líderes cristãos querem exigir do púlpito que os membros de sua congregação sejam participantes ativos dos cultos de oração, mas eles mesmos não comparecem a esses cultos, nem são conhecidos por serem homens de oração (o mesmo também se aplica ao dízimo; aliás, outro chamado importante para igreja, como veremos no capítulo 7 "Chamados para servir"). Se seguissem o exemplo de Jesus, certamente seriam os primeiros a dar exemplo nessa área. Os discípulos registram com detalhes o que viam Jesus fazer. Isso facilita traçar a vida de oração de Jesus.

JESUS TINHA SUAS HORAS BENDITAS DE ORAÇÃO

> E, despedida a multidão, subiu ao monte para orar, à parte. E, chegada já a tarde, estava ali só. (Mateus 14:23)

> Então chegou Jesus com eles a um lugar chamado Getsêmani, e disse a seus discípulos: Assentai-vos aqui, enquanto vou além orar. (Mateus 26:36)

Jesus levava uma vida muito corrida e agitada. Em apenas três anos e meio, ele trabalhou bastante. Seu ministério era intenso. Ele trabalhou na Galileia e nas vizinhanças, na Judeia, na Pereia e adjacências, e a última semana em Jerusalém não foi menos corrida. A quantidade de gente que o assediava era imensa. As multidões afluíam a ele em busca de milagres e também para ouvir suas palavras. Jesus cuidava das necessidades espirituais dos outros (e muitas vezes até das necessidades materiais, como na multiplicação dos pães e peixes — Mateus 14:13-21; 15:29-39), mas também reservava tempo para cuidar de suas próprias necessidades, e orar era uma delas. Ele tinha seus momentos a sós, e aproveitava alguns desses momentos para orar.

Talvez alguém ache estranho o fato de Jesus, que era Deus, precisar orar. Isso não é estranho quando levamos em conta a doutrina da

Encarnação, isto é, a doutrina segundo a qual o Verbo (ou a Palavra) se fez carne (João 1:1,14). O filósofo, escritor e ministro anglicano Aldo Menezes nos ajuda a entender essa questão:

> A Bíblia diz a verdade: Jesus orava e *precisava* orar. Ele era homem verdadeiramente. Ele não tinha apenas necessidades físicas e emocionais, mas também espirituais. Ele era um homem de oração, como atesta Hebreus 5.7: "Durante os seus dias de vida na terra, Jesus ofereceu orações e súplicas, em alta voz e com lágrimas, àquele que o podia salvar da morte, sendo ouvido por causa da sua reverente submissão". [...]
>
> Na encarnação, Jesus participou de todas as experiências humanas, menos a do pecado (2Pedro 2:22). Como qualquer ser humano, ele precisava de contato com o Pai (Mateus 4:4; João 4:34). Portanto, ele dialogou com o Pai sem deixar de participar da mesma natureza divina, pois ele mesmo disse: "Eu e o Pai somos um" (João 10:30).[11]

Se Jesus, mesmo sendo perfeito e sem pecado não abria mão de suas necessidades espirituais, o que dizer de nós, criaturas pecadoras e imperfeitas, que luta diariamente contra o mundo, a carne e o Diabo? Não podemos inventar desculpas para não levar o chamado à oração a sério. Quem vive nas grandes metrópoles sempre reclama que não tem tempo para nada. Ora, tudo é uma questão de prioridade na vida, e orar era uma prioridade para Jesus. Deve ser prioridade para nós também.

Jesus investia muito tempo em oração

> E aconteceu que naqueles dias subiu ao monte a orar, e passou a noite em oração a Deus. E, quando já era dia, chamou a si os seus discípulos, e escolheu doze deles, a quem também deu o nome de apóstolos. (Lucas 6:12-13)

[11] *Testemunhas de Jeová: exposição e refutação de suas doutrinas*, p. 189-190.

Antes de tomar decisões importantes, Jesus recorria à oração. A escolha dos doze apóstolos foi precedida de uma "noite em oração a Deus". A expressão indica que Jesus investiu muito do seu tempo nessa atividade, sobretudo em momentos decisivos de sua vida ministerial. Para ele, orar era mais que uma prioridade — era uma necessidade.

Quantos de nós recorre à oração antes de tomar decisões importantes na vida? Muitos, na verdade, só recorrem à oração *depois*, e isso a fim de pedir a Deus para corrigir a bobagem que fizeram. Não se deram ao trabalho de consultar a Deus *antes*. E quando consultam, simplesmente são econômicos no tempo dedicado a isso. Virou moda simplesmente orar: "Senhor, tu o sabes...". Ora, é claro que em momentos de emergência, tudo acontece num estalar de dedos. Mas não estamos falando desses momentos aqui, mas de aprendermos a investir um tempo precioso em oração para ouvir o que Deus tem a nos dizer sobre determinadas decisões que impactarão a nossa vida, como a escolha de um cônjuge ou de emprego. Nem sempre um "Senhor, tu o sabes..." será o suficiente; talvez o melhor caminho seja um tempo significativo com Deus em oração, e Jesus conhecia bem o caminho das pedras. Aprendamos com ele.

JESUS GOSTAVA DE HORÁRIOS CALMOS E TRANQUILOS PARA ORAR

> E, levantando-se de manhã, muito cedo, fazendo ainda escuro, saiu, e foi para um lugar deserto, e ali orava. (Marcos 1:35)

Como homem público que era, Jesus era muito requisitado pelas pessoas e pelas multidões. Seus compromissos ministeriais poderiam sugar tempos preciosos dedicados à oração, e ele sabia disso. Por isso, muitas vezes os evangelistas relatam que Jesus escolhia lugares e horas mais apropriados para orar, visto que lhe dava mais privacidade e momentos a sós com o Pai. Assim, fuja dos barulhos e das agitações. Recolha-se a um lugar tranquilo e sossegado para orar. Mesmo para quem vive em cidades grandes, isso não é impedimento. Cada um pode escolher o melhor momento para dedicar-se a um bom tempo de oração a sós com Deus. Siga a trilha de Jesus.

JESUS RECONHECIA O VALOR DA ORAÇÃO EM GRUPO

> E aconteceu que, quase oito dias depois destas palavras, tomou consigo a Pedro, a João e a Tiago, e subiu ao monte a orar. (Lucas 9:28)

É verdade que Jesus prezava esses momentos a sós para orar, e precisava disso, o que é perfeitamente normal. Mas Jesus também valorizava a oração em grupo. Ele tinha os seus companheiros de oração, seu círculo íntimo para compartilhar pedidos de oração e também para orar por eles. Essa aproximação fazia bem para todos. Muita gente, baseando-se em Mateus 6:5-6 — "E, quando orares, não sejas como os hipócritas; pois se comprazem em orar em pé nas sinagogas, e às esquinas das ruas, para serem vistos pelos homens. Em verdade vos digo que já receberam o seu galardão. Mas tu, quando orares, entra no teu aposento e, fechando a tua porta, ora a teu Pai que está em secreto; e teu Pai, que vê em secreto, te recompensará publicamente" — pensam que Jesus ensinou apenas um tipo de oração: a solitária. Mas o fato de ele reunir Pedro, Tiago e João mostra que as palavras dele em Mateus 6:5-6 não devem ser tomadas como incentivando algum tipo de isolacionismo. O contexto de Mateus é muito claro: os hipócritas gostam de plateia para se exibir espiritualmente; eles não se contentavam em ter Deus como espectador, pois não se sentiam recompensados em sua altivez. Jesus estaria dizendo algo do tipo aos discípulos: "Fujam desse tipo de atitude. Não queiram se exibir como pessoas espirituais, a fim de granjear a adulação alheia. É melhor ser visto e recompensando pelo Pai em secreto do que ser elogiado em público e receber um galardão desfavorável da parte de Deus". Esse conselho de Jesus é especialmente importante nos dias de hoje, na era das redes sociais em que as pessoas gostam de se exibir.

Voltando ao assunto em pauta, Jesus era tanto a favor de momentos a sós quanto de orações em grupo. Assim, sempre que possível, participe dos cultos de oração da sua igreja. Forme também grupos íntimos de oração, a fim de orar por aspectos específicos com os quais você esteja lutando. Escolha gente de sua confiança para dividir esses fardos e orem juntos uns pelos outros. A passagem de Eclesiastes 4:9,10 traz um princípio que se encaixa bem aqui neste comentário: "Melhor é serem dois do que um, porque têm melhor paga do seu trabalho. Porque se um cair, o outro levanta o seu companheiro; mas ai do que estiver só; pois, caindo, não haverá outro que o levante".

Jesus intercedia por seus amigos

> Disse também o Senhor: Simão, Simão, eis que Satanás vos pediu para vos cirandar como trigo; mas eu roguei por ti, para que a tua fé não desfaleça; e tu, quando te converteres, confirma teus irmãos. (Lucas 22:31-32)

> Manifestei o teu nome aos homens que do mundo me deste; eram teus, e tu mos deste, e guardaram a tua palavra. [...] Eu rogo por eles; não rogo pelo mundo, mas por aqueles que me deste, porque são teus. [...] Não peço que os tires do mundo, mas que os livres do mal. [...] Santifica-os na tua verdade; a tua palavra é a verdade. [...] E não rogo somente por estes, mas também por aqueles que pela tua palavra hão de crer em mim. (João 17:6, 9, 15, 17, 20)

Jesus era altamente generoso com seus amigos. Ele orava por eles. O Senhor se importava de verdade com as pessoas. Jesus não fingia que gostava delas para angariar a simpatia das pessoas ou para receber curtidas no seu Facebook. Ele realmente se importava com as pessoas, e a oração a favor delas é uma forma tangível de demonstrar esse amor. Interceder por outros é uma demonstração de amor genuíno.

É verdade que quando estamos cheios de problemas, sempre nos concentramos em nós mesmos e em nossas necessidades. Mas Jesus, apesar de também enfrentar seus próprios problemas, não deixava de se interessar pelos problemas alheios. Ele intercedia por aqueles ao seu redor, pois sabia que sem o Pai nada poderia ser feito para melhorar a situação das pessoas. Às vezes não podemos fazer muitas coisas concretas para ajudar, pois certas circunstâncias estão fora do nosso alcance, mas podemos pelo menos orar. Para isso não há impedimento.

A chamada "Oração Sacerdotal" de João 17 é um exemplo claro que como o coração de Jesus batia forte a favor de seus amigos, ainda que, muitas vezes, eles não correspondessem à altura de suas preocupações. Mas a própria Bíblia diz que "o amor cobrirá a multidão de pecados" (1Pedro 4:8). Por isso somos instados: "orai uns pelos outros" (Tiago 5:16).

Quero lhe propor uma atividade prática agora mesmo. Assim que você terminar a leitura desta seção, ore por algum amigo (ou amigos) em particular. E vá mais além ainda: ligue para algum amigo e prontifique-se a orar com ele e em favor dele. Ponha seus amigos diante do altar de Deus, exatamente como Jesus fazia. Eis um exemplo que deve ser seguido.

Jesus orava por pessoas por quem normalmente não oraríamos

> E dizia Jesus: Pai, perdoa-lhes, porque não sabem o que fazem. (Lucas 23:34)

Eis uma grande lição que Jesus nos deixou. Dizemos que o cristianismo funciona até que tenhamos de cumprir as palavras de Jesus em Mateus 5:44: "Amai a vossos inimigos, bendizei os que vos maldizem, fazei bem aos que vos odeiam, e orai pelos que vos maltratam e vos perseguem; para que sejais filhos do vosso Pai que está nos céus". No discurso, isso é muito bonito, mas na prática... será que funciona mesmo? Bem, funcionou com Jesus, e se ele disse para fazermos isso, é por que é possível, sim. Foi exatamente o que Estêvão fez com seus algozes, e Saulo de Tarso estava entre eles. Enquanto era apedrejado, eis a atitude de Estêvão: "E, pondo-se de joelhos, clamou com grande voz: Senhor, não lhes imputes este pecado" (Atos 7:60).

Quando ouvimos a palavra "amar" imaginamos logo um sentimento de carinho e afeição. Mas no mundo bíblico, o amor não é apenas uma emoção, mas, sobretudo, uma atitude positiva, acompanhada ou não de algum sentimento. Basta ver a Parábola do Bom Samaritano (Lucas 10:25-37). Judeus e samaritanos viviam em pé de guerra. Mas Jesus conta a história de um judeu que é assaltado e sofre violência dos algozes, ficando quase "morto". Dois outros judeus — um levita e um sacerdote — o veem estirado no chão e machucado e passam longe sem lhe prestar ajuda. No entanto, um samaritano "moveu-se de íntima compaixão" e cuidou de suas feridas, levando-o em seguida para uma hospedagem, e pagou a estada do judeu moribundo. Jesus então perguntou ao interlocutor que lhe indagou "E quem é o meu próximo?": "Qual, pois, destes três te parece que foi o próximo daquele que caiu nas mãos dos salteadores?". A resposta era óbvia: "O que usou de misericórdia para com ele". Ora, isso é um ato de amor. Veja que o gesto do samaritano foi descrito como "usou de misericórdia para com". Assim, não foi tanto o sentimento que realçou seu gesto, mas foi o próprio gesto em si. Podemos chamar isso de amor, porque o amor "não busca os seus interesses" (1Coríntios 13:5). Não se trata portanto de dizer: "Eu amo o meu inimigo" ou "Eu sinto um amor incondicional pelos que me perseguem", mas se trata de fazer algo de proveitoso em favor desse tipo de pessoa; algo que, normalmente, não faríamos, como orar para que eles sejam salvos, em vez de pedir para que sejam exterminados.

Não tente fugir do chamado à oração pelos seus inimigos. Apenas *nós* perderíamos com essa atitude anticristã. Jesus disse a razão de fazermos isso: "para que sejais filhos do vosso Pai que está nos céus" (Mateus 5:44). Não se discute com Deus a esse respeito. Apenas se obedece. E então, diante dessas palavras e do exemplo de Jesus, por que você oraria agora mesmo, ainda que não houvesse um sentimento que o conduza nesse sentido? Não endureça seu coração. Simplesmente faça o que deve ser feito em nome de Jesus. Para isso fomos chamados.

Jesus abria o coração ao Pai com plena sinceridade

> Agora a minha alma está perturbada; e que direi eu? Pai, salva-me desta hora; mas para isto vim a esta hora. Pai, glorifica o teu nome. Então veio uma voz do céu que dizia: Já o tenho glorificado, e outra vez o glorificarei. (João 12:27-28)

> E, indo um pouco mais para diante, prostrou-se sobre o seu rosto, orando e dizendo: Meu Pai, se é possível, passe de mim este cálice; todavia, não seja como eu quero, mas como tu queres. (Mateus 26:39)

"Fulano ora tão bonito que dá gosto de ouvir!" Você já deve ter ouvido isso antes, não? Há realmente muitas orações embelezadas por meio de palavras bem construídas e elegantemente bem ornamentadas. Diante de Deus, contudo, o que conta não é a ornamentação linguística de sua oração, mas o "verdadeiro coração" (Hebreus 10:22).

Veja nas orações de Jesus acima como ele era absolutamente sincero nas suas palavras. Ele não tentava esconder do Pai ou dos outros o que realmente sentia. Ele expunha sinceramente o que estava em seu coração. Ele externou sem medo seus sentimentos mais íntimos e profundos, sem medo da reação do Pai. O Verbo de Deus, que era Deus, fez-se carne, tornou-se verdadeiro homem, e assumiu a nossa natureza, mas sem pecado (2Pedro 2.22). Além de verdadeiro Deus, ele era verdadeiro homem, um pleno ser humano de corpo, alma e espírito, que sofria com as coisas pelas quais passava. Ele não teve vergonha de dizer que sua alma estava "perturbada". Também chegou a pedir: "Meu Pai, se é possível, passe de mim este cálice...", mas, no final, o que realmente contaria era: "... todavia, não seja como eu quero, mas como tu queres". Mesmo assim, ele não deixou de externar o que realmente se passou em seu coração.

Ora, estamos diante da presença do Pai, sim, do nosso amado e querido Pai, aquele que nos ama em Cristo. Não precisamos ter medo de dizer para ele o que realmente está em nosso coração, até porque ele já sabe disso. Diante de Deus estamos desnudos. Faça um favor a si mesmo: não tente esconder suas fraquezas usando uma linguagem sofisticada para embelezar suas orações; nem tente embelezar a feiura de seus pecados perante o Senhor. Ele não se deixa impressionar por nada disso. Seja apenas você mesmo. Confie nas palavras do salmista: "a um coração quebrantado e contrito não desprezarás, ó Deus" (Salmos 51:17). Fomos chamados para orar com sinceridade de coração. Nessas horas, pense sempre em Jesus: "O qual, nos dias da sua carne, oferecendo, com grande clamor e lágrimas, orações e súplicas ao que o podia livrar da morte, foi ouvido quanto ao que temia" (Hebreus 5:7).

Jesus orava para vencer as tentações

> Vigiai e orai, para que não entreis em tentação; na verdade, o espírito está pronto, mas a carne é fraca. (Mateus 26:41)

A tentação é uma realidade na vida do crente. Jesus sabia disso porque ele próprio foi tentado, como afirma a Bíblia:

> Porque não temos um sumo sacerdote que não possa compadecer-se das nossas fraquezas; porém, um que, como nós, *em tudo foi tentado*, mas sem pecado. Cheguemos, pois, com confiança ao trono da graça, para que possamos alcançar misericórdia e achar graça, a fim de sermos ajudados em tempo oportuno. (Hebreus 4:15-16)

Há dois pontos que gostaria de destacar aqui nessa passagem. Em primeiro lugar, o autor sagrado diz que Jesus pode se compadecer de nossas fraquezas. O que isso significa? Vejamos o que diz o *Comentário bíblico pentecostal*:

> "Compadecer-se" (*sympatheo*, que literalmente significa "sofrer junto com") não se refere à compaixão psicológica ("lamentar-se"), mas a uma compaixão existencial que nosso Sumo Sacerdote sofre junto conosco em nossas fraquezas e traz de fato o auxílio [...]. O termo "fraquezas"

> diz respeito a qualquer área de vulnerabilidade inerente à fraca humanidade.[12]

O segundo ponto diz respeito à frase "em tudo foi tentado". Muita gente fica especulando acerca do significado dessa expressão "em tudo". Vejamos como o *Comentário bíblico pentecostal* resolve essa questão:

> Nosso Sumo Sacerdote "em tudo foi tentado, mas sem pecado". Suas tentações não foram representadas ou falsas; eram tão genuínas quanto as nossas. "Em tudo" não significa que Ele passou por toda tentação que coletivamente nós temos, mas que foi tentado nos mesmos três modos básicos em que nós todos somos tentados: o desejo da carne, o desejo dos olhos e o orgulho da vida (cf. [Gênesis 3:6; Lucas 4:3,6-7,9-11; 1João 2:15-16]). As tentações de Jesus consistiam especialmente em tentativas de evitar o cumprimento de sua missão como o Servo sofredor.[13]

É bom frisar que, independentemente de qualquer que seja o tipo de pecado incluído na expressão "em tudo", temos de lembrar que Jesus realmente não pecou. Ele não cedeu à tentação em nenhum momento. Vamos recorrer outra vez ao *Comentário bíblico pentecostal*:

> Jesus, no entanto, foi "sem pecado". Este fato não significa que Ele era incapaz de pecar, mas que estava sem pecado por causa de decisões conscientes em meio à tentação real. A tentação em si não é o próprio pecado; ceder, sim, é pecado. Somente Jesus conhece a plena intensidade da tentação, porque somente Ele jamais cedeu. Deste modo, temos um Sumo Sacerdote em quem estão unidas a pureza perfeita e a compaixão perfeita, o que faz com que lide mansamente conosco (5:2).[14]

---

[12] P. 1567.
[13] P. 1567.
[14] P. 1568.

Satanás está à solta. Ele tentou Jesus no deserto, como registram os Evangelhos (Mateus 4:1-11; Lucas 4:1-13), mas sem sucesso. No entanto, ele não desiste de nos tentar jamais. O arqui-inimigo de nossas almas quer que cedamos às suas artimanhas diabólicas. Infelizmente, valendo-se do mundo e do conhecimento que ele tem da nossa natureza pecaminosa, ela usa todos os ardis possíveis para nos desencaminhar dos caminhos do Senhor. Muitos já sucumbiram às armadilhas de Satanás e naufragaram na fé (veja 1Timóteo 1:19). Mas ainda há esperança. Temos um Sumo Sacerdote que conhece a realidade da tentação e se "compadece" de nós. Essa é razão de não pararmos de orar mesmo quando cedemos à alguma tentação. Ainda não é o fim. A semente de Deus plantada em nosso coração faz-nos ver que o pecado não é realmente a melhor escolha, e nos leva a lamentar pelo que fizemos. A simples tristeza ou pesar já revela que não fomos longe demais. Não é hora, portanto, de nos entregarmos e achar que não há mais saída ou solução. Ao contrário, é hora de correr para os braços do grande Sumo Sacerdote, Jesus. Ele é maior que nossos pecados. Devemos ter a confiança exposta pelo apóstolo João:

> Meus filhinhos, estas coisas vos escrevo, para que não pequeis; e, se alguém pecar, temos um Advogado para com o Pai, Jesus Cristo, o justo. E ele é a propiciação pelos nossos pecados, e não somente pelos nossos, mas também pelos de todo o mundo. (1João 2:1-2)

Eu não sei se você já precisou alguma vez de algum advogado. Mas ainda que você consultasse o melhor de todos eles, saiba que ele já deve ter perdido uma causa alguma vez na vida, e se não perdeu ainda, certamente vai perder. É da natureza das relações humanas. No entanto, Jesus, nosso Advogado (com A maiúsculo mesmo) nunca perdeu e jamais perderá uma causa em nosso favor. Por mais que Satanás seja um Promotor bem preparado e ferrenho tentando nos acusar, saiba que o Justo Juiz conhece muito bem o Advogado que colocou para nos defender, e não há ninguém que pode vencê-lo quando o assunto é nos inocentar perante o Pai. E para sacramentar a garantia da nossa vitória, ainda contamos com a ação de outro Advogado, o Espírito Santo de Deus.

> E da mesma maneira também o Espírito ajuda as nossas fraquezas; porque não sabemos o que havemos de pedir como convém, mas o mesmo Espírito intercede por nós com gemidos inexprimíveis. E aquele que examina os corações sabe qual é a intenção do Espírito; e é ele que segundo Deus intercede pelos santos. [...] Que diremos, pois, a estas coisas? Se Deus é por nós, quem será contra nós? [...] Quem intentará acusação contra os escolhidos de Deus? É Deus quem os justifica. Quem é que condena? Pois é Cristo quem morreu, ou antes quem ressuscitou dentre os mortos, o qual está à direita de Deus, e também intercede por nós. Quem nos separará do amor de Cristo? A tribulação, ou a angústia, ou a perseguição, ou a fome, ou a nudez, ou o perigo, ou a espada? [...] Mas em todas estas coisas somos mais do que vencedores, por aquele que nos amou. Porque estou certo de que, nem a morte, nem a vida, nem os anjos, nem os principados, nem as potestades, nem o presente, nem o porvir, nem a altura, nem a profundidade, nem alguma outra criatura nos poderá separar do amor de Deus, que está em Cristo Jesus nosso Senhor. (Romanos 8:26-39)

Diante disso, só temos a nos regozijar no Senhor. Mas para desfrutar dos serviços desse maravilhoso Advogado e das ternas consolações do Espírito Santo, precisamos cumprir o que a Bíblia diz: "Se confessarmos os nossos pecados, ele é fiel e justo para nos perdoar os pecados, e nos purificar de toda a injustiça" (1João 1:9). O nosso papel é confessar em oração, e o dele é perdoar e nos purificar.

CHAMADOS A ORAR COMO JESUS

Como vimos, a vida de oração Jesus revela que ele tinha autoridade para tratar dessa prática. Ele não ensinava a orar apenas por meio de palavras, mas, principalmente, por meio de seus atos. Isso impactou os apóstolos. As palavras e os gestos de Jesus repercutem até os dias de hoje, não só porque ele está vivo, mas porque enquanto viveu entre nós alinhou discurso e prática no que diz respeito à oração. Nosso chamado à oração é um chamado para seguir o exemplo supremo de Jesus.

À luz de tudo isso que vimos, quero que você medite nas palavras a seguir:

- Você quer crescer na fé? *Ore.*
- Você sente que está perdendo o primeiro amor? *Ore.*
- Você quer salvar seu casamento? *Ore.*
- Você quer ser batizado no Espírito Santo? *Ore.*
- Você quer vencer determinado pecado? *Ore.*
- Você quer fazer grandes coisas para Deus? *Ore.*
- Você quer se ver livre de opressão demoníaca? *Ore.*
- Você quer prosperar? *Ore.*
- Você quer que sua igreja cresça? *Ore.*
- Você quer a salvação de alguém em especial? *Ore.*[15]

Caso suas necessidades não estejam alistadas acima, então coloque-as agora mesmo diante de Deus em oração. Seja o que for que você necessite em sua vida espiritual ou material, é hora de fazer como Jesus: clame ao Pai. Esse é o caminho. Mas lembre-se: esteja preparado para ouvir a resposta de Deus, seja ela qual for: "Sim", "Não", "Espere". O que não podemos deixar de fazer é orar. Esse é o nosso chamado.

---

[15] Sobre essa questão em particular, o pastor Antonio Gilberto disse algo interessante: "A oração abre portas e remove barreiras. Ela é o meio de comunicação com Deus. A Igreja nasceu quando em oração, e é nesse ambiente que ela cresce e se desenvolve [Atos 1:14]. Pedro estava orando quando Deus o usou para a salvação de Cornélio, seus parentes e amigos [Atos 10]. (Ver [Salmos 126:6; Atos 20:31]) É mais fácil falar ao pecador sobre Deus, depois que falamos com Deus sobre o pecador..." (*A prática do evangelismo pessoal*, cap. 2, 4.5).

Quantas pessoas ainda estão presas em seus delitos e pecados e precisam ouvir essa mensagem impactante e libertadora de perdão e aceitação? Elas precisam saber que há um Deus que ouve orações (Salmos 62:5). Por isso, como crentes em Jesus, precisamos aceitar o chamado de testemunhar ao mundo sobre as boas-novas de salvação em Cristo. Esse é o tema de nosso próximo capítulo.

6

CHAMADOS PARA TESTEMUNHAR

Portanto ide, fazei discípulos de todas as nações, batizando-os em nome do Pai, e do Filho, e do Espírito Santo; ensinando-os a guardar todas as coisas que eu vos tenho mandado; e eis que eu estou convosco todos os dias, até a consumação dos séculos. Amém. (Mateus 28:19-20)

Mas recebereis a virtude do Espírito Santo, que há de vir sobre vós; e ser-me-eis testemunhas, tanto em Jerusalém como em toda a Judeia e Samaria, e até aos confins da terra. (Atos 1:8)

Como, pois, invocarão aquele em quem não creram? E como crerão naquele de quem não ouviram? E como ouvirão, se não há quem pregue? E como pregarão, se não forem enviados? Como está escrito: Quão formosos os pés dos que anunciam o evangelho de paz; dos que trazem alegres novas de boas coisas. (Romanos 10:14-15)

Uma passada de olhos na TV nos levará a um infindável número de canais evangélicos repletos dos mais variados testemunhos, muitos dos quais estão relacionados a coisas materiais que a pessoa conquistou por ter posto o poder da fé em prática. Homens e mulheres vestidos com roupas de grife relatam o que têm em casa (aliás, mansão): carros importados, mobília luxuosa, uma gorda conta bancária, sem contar as lanchas e os iates no píer ou o jatinho em algum hangar, e tudo isso depois de estarem devendo dezenas, centenas ou milhares de reais. Esse é o peso do testemunho nos dias atuais. Eles se concentram nas bênçãos recebidas, mas não no Senhor das bênçãos. As coisas concedidas parecem mais importantes que aquele que as concede. Algumas igrejas competem para ver quem mostra o testemunho mais extraordinário nesse campo. Nada mais parecido com o antigo "Eu era cego, e agora vejo" (João 9:25). Não que os testemunhos de cura tenham desaparecido; há muitos, aliás, mas o problema que é os depoimentos envolvendo milagre financeiro são mais atraentes e chamativos, ainda num país com mais de 13 milhões de desempregados (dados de julho de 2018). E esse contingente de pessoas procurando emprego ainda é desafiado a dar o que não tem para barganhar com Deus alguma bênção. Realmente, os valores estão às avessas.

Os não cristãos veem esse tipo de coisa e se escandalizam com muitos desses testemunhos e, o que é pior, acabam fechando os olhos para os testemunhos genuínos de conversão e de fé. É uma pena que muitos testemunhos, em vez de levarem as pessoas ao Deus da Bíblia, o afastem dele, ou pelos menos de seu povo. Felizmente, a boa notícia é que nem tudo está perdido. Boa parte do povo de Deus cumpre o chamado para ser fiel testemunha do Senhor. Esse povo fiel não está primordialmente interessado em superlotar as igrejas com contribuintes e propagandistas de uma fé materializada, mas em levar a mensagem de salvação aos perdidos; essas fiéis testemunhas querem ver almas salvas glorificando a Deus por "tão grande salvação" (Hebreus 2:3).

Quero destacar que o verdadeiro testemunho cristão deve ser poderoso e causar impacto neste mundo para além das bênçãos puramente materiais (é claro que esse tipo de bênção não deve ser descartado, mas também não deve ser o chamariz do cristianismo). Precisamos realinhar nosso testemunho, tanto por palavras quanto por ações, com a vontade de Deus revelada na Bíblia Sagrada, sua santa Palavra, e esse testemunho está relacionado ao caráter do Filho de Deus.

TESTEMUNHANDO ATRAVÉS DE PALAVRAS

> Com grande poder os apóstolos continuavam a testemunhar da ressurreição do Senhor Jesus, e grandiosa graça estava sobre todos eles. (Atos 4:33)

Entre a morte e a ressurreição de Jesus, os apóstolos eram homens tomados pelo medo e pela descrença. Seus sonhos e sua coragem haviam morrido com Jesus naquela cruz. Mas depois da ressurreição, tudo mudou. A presença de Jesus ressurreto em corpo glorificado trouxe novo ânimo aos discípulos, e depois do derramamento do poder do Espírito Santo em Pentecostes, eles se tornaram intrépidos proclamadores, a ponto de os líderes judaicos dizerem: "E eis que enchestes Jerusalém dessa vossa doutrina" (Atos 5:28). No poder do Espírito Santo, ninguém mais poderia parar essa obra santa. Começou ali uma obra de testemunho que continua até hoje, quase dois mil anos depois, e só terminará com a volta de Jesus na "consumação dos séculos" (Mateus 28:20).

Ao falar sobre "a arte de testemunhar", o teólogo pentecostal Myer Pearman cita um estudioso da Bíblia que disse: "A coisa mais grandiosa que a alma humana pode fazer neste mundo é ver algo, e contar aos outros o que viu, de forma singela e clara". Pearman então conclui:

> De acordo com este pensamento, certamente a coisa mais grandiosa da vida é perceber a beleza de Jesus e falar aos outros sobre Ele. Um estudo do livro de Atos mostra que o testemunhar é a forma mais antiga de pregação. Os apóstolos contavam tudo quanto sabiam acerca de Jesus, e os convertidos contavam o que Jesus fizera por eles.[1]

Os discípulos de Jesus vestiram a camisa do evangelho e espalharam as boas-novas de salvação por tudo o mundo, custasse o que lhes

[1] *Atos: e a igreja se fez missões*, p. 14.

custasse. Diante das autoridades judaicas que pediram para os apóstolos pararem de dar testemunho de Jesus, os destemidos Pedro e João falaram em nome de todos os cristãos: "Porque não podemos deixar de falar do que temos visto e ouvido" (Atos 4:20). Em Atos 10:42, lemos: "Ele nos mandou pregar ao povo e testemunhar que foi a ele que Deus constituiu juiz de vivos e de mortos". Eles levavam isso muito a sério, mesmo que lhes custasse a própria vida, como o apóstolo Paulo revela aos seus companheiros em Éfeso:

> Todavia, não me importo, nem considero a minha vida de valor algum para mim mesmo, se tão somente puder terminar a corrida e completar o ministério que o Senhor Jesus me confiou, de testemunhar do evangelho da graça de Deus. (Atos 20:24)

A Timóteo, seu filho na fé, Paulo disse: "Portanto, não se envergonhe de testemunhar do Senhor, nem de mim, que sou prisioneiro dele, mas suporte comigo os meus sofrimentos pelo evangelho, segundo o poder de Deus" (2Timóteo 1:8). Paulo certamente ainda se lembrava das palavras de Jesus como se as estivesse ouvindo pela primeira vez: "Coragem! Assim como você testemunhou a meu respeito em Jerusalém, deverá testemunhar também em Roma" (Atos 23:11).

Os apóstolos e demais discípulos eram testemunhas de Jesus, e estavam dispostos a obedecê-lo até o fim, levando o evangelho a todas as nações. Ao comentar Atos 1:8, Myer Pearman declara:

> Estas palavras definem o ministério primário de cada crente: ser testemunha da pessoa de Jesus, daquilo que Ele fez para os homens e para a própria testemunha. "Testemunhar" é um dos conceitos fundamentais do livro dos Atos (ver 1:22; 10:39,41-44; 13:31; 4:33; 22.15; 26:16).[2]

---

[2] *Atos: e a igreja se fez missões*, p. 10-11.

O pastor e escritor assembleiano Antonio Gilberto, ao falar sobre "testemunhar de Cristo", declarou: "Isto deve ser espontâneo, além de ser um dever para com o Salvador Jesus. Esse testemunho deve incluir os parentes [Mateus 10:32-33]".[3] Outro pastor e escritor assembleiano de mesma competência bíblica, declarou:

> Paulo considerava seu ministério como uma semeadura de coisas espirituais [1Coríntios 9:11]. Ao dar testemunho de sua conversão, o apóstolo usa a metáfora do vaso para ilustrar sua utilidade na expansão do nome de Jesus [Atos 9:15]. Paulo, portanto, tornou-se um autêntico semeador da "boa semente" do evangelho de Cristo. Todo crente em Jesus é um semeador da sua Palavra e, indubitavelmente, encontrará os mais variados tipos de solos para receber a boa semente. Fomos salvos para servir e semear a boa semente e devemos servir com amor e espírito sacrificial [Salmos 126:6].[4]

Foi esse tipo de "amor e espírito sacrificial" que trouxe Daniel Berg e Gunnar Vingren ao Brasil. Esses missionários suecos deixaram a vida nos Estados Unidos da América para pregar o evangelho em terras estrangeiras, e, por revelação divina, desembarcaram no Pará e ajudaram a fundar a maior denominação pentecostal do Brasil: a Assembleia de Deus. O filho de Daniel Berg relata:

> Daniel acompanhava o amigo [Gunnar Vingren] aos cultos cheio de satisfação em poder testemunhar a todos sua maravilhosa conversão, e que a salvação poderia ser procurada por todos. Ele sentia como se Deus o chamasse a prosseguir testemunhando como missionário em terras estranhas. Ambos buscavam dia e noite a direção de Deus, para que Ele revelasse Sua vontade em suas vidas.[5]

---

[3] *A prática do evangelismo pessoal*, 4.2.2.

[4] Elienai CABRAL, *Parábolas de Jesus*, p. 18.

[5] David BERG, *Daniel Berg: Enviado por Deus*, p. 53.

David Berg conta a disposição de Daniel e Gunnar no navio que os trazia para o Brasil: "os nossos amigos estavam cheios do Espírito, e sentiam, desde o primeiro instante, a necessidade de aproveitar cada momento para testemunhar a seus companheiros de viagem da jubilosa mensagem do Evangelho."[6] Eles testemunharam "a tempo e fora de tempo" (2Timóteo 4:2), exatamente como devemos fazer.

O desejo do Senhor é "que todos os homens se salvem, e venham ao conhecimento da verdade" (1Timóteo 2:4). Deus "é longânimo para conosco, não querendo que alguns se percam, senão que todos venham a arrepender-se" (2Pedro 3:9). Ao que o apóstolo Paulo pergunta:

> Como, pois, invocarão aquele em quem não creram? E como crerão naquele de quem não ouviram? E como ouvirão, se não há quem pregue? E como pregarão, se não forem enviados? Como está escrito: Quão formosos os pés dos que anunciam o evangelho de paz; dos que trazem alegres novas de boas coisas (Romanos 10:14-15).

Jesus está voltando. Não é hora de esmorecimento, meus irmãos. Temos de continuar a pregar o evangelho. Ainda há muitas almas a serem salvas para o Senhor, e elas estão em nossa família, em nosso local de trabalho, em nosso estabelecimento de ensino, nas ruas, nas praças, nas feiras, nos mercados, nas filas de banco, enfim, em todos os lugares, e em cada lugar desses deve haver um crente disposto a lhes falar da salvação que só Jesus pode proporcionar. Já fomos enviados. O "ide" já foi proclamado (Mateus 28:19). Como conclama o hino 220 da *Harpa cristã*, "ide segar":

> Para os campos a segar,
> Eis o trigo a lourejar,
> Ide ceifar, ide segar;
> Todo dia trabalhai

---

[6] *Daniel Berg: Enviado por Deus*, p. 60.

E só de Jesus falai;
Ide ceifar, ide pregar![7]

Voltando a falar dos pioneiros da Assembleia de Deus no Brasil, os missionários Daniel Berg e Gunnar Vingren, o biógrafo David Berg revela como eles levavam esse chamado bastante a sério: "Os dois amigos nunca se puseram a descansar. Sua ansiedade em servir ao Senhor, que os tinha enviado, era mui grande. Valia a pena trabalhar com todos os meios enquanto durasse o dia. Ganhar almas era preciso."[8]

Pregar as boas-novas é uma prova de amor ao Senhor, que nos mandou proclamar sua mensagem até os confins da terra, e também ao próximo, que precisa ouvir essa mensagem salvadora. O testemunho por meio de palavras é realmente muito eficaz, mas não devemos nos limitar exclusivamente a ele. Temos também de testemunhar por meio de ações concretas, que devem ser irrigadas pelo amor de Cristo, como veremos a seguir.

TESTEMUNHANDO ATRAVÉS DA PRÁTICA DO AMOR

> Nisto todos conhecerão que sois meus discípulos, se vos amardes uns aos outros. (João 13:35)

Aqui está uma área na qual os cristãos deveriam se sobressair. Jesus disse que o amor deveria ser a grande marca identificadora dos cristãos. Os seguidores do Salvador se amariam uns aos outros, o que quer dizer que o tipo de tratamento que dariam uns aos outros revelaria que eles pertenceriam a Jesus — o amor mútuo seria um testemunho vivo da grande fraternidade dos salvos no Cristo ressurreto. Os

[7] Autoria do pastor Paulo Leivas Macalão, o maior compositor de hinos da *Harpa cristã* e fundador do Ministério de Madureira das Assembleias de Deus.
[8] *Daniel Berg: enviado por Deus*, p. 89.

primórdios da igreja do Novo Testamento revelam esse fato entre os primeiros judeus que abraçaram Jesus como o Messias de Israel. Lucas, o autor de Atos dos Apóstolos, registra como era a vida dos primeiros discípulos de Jesus:

> E perseveravam na doutrina dos apóstolos, e na comunhão, e no partir do pão, e nas orações. E em toda a alma havia temor, e muitas maravilhas e sinais se faziam pelos apóstolos. E todos os que criam estavam juntos, e tinham tudo em comum. E vendiam suas propriedades e bens, e repartiam com todos, segundo cada um havia de mister. E, perseverando unânimes todos os dias no templo, e partindo o pão em casa, comiam juntos com alegria e singeleza de coração, louvando a Deus, e caindo na graça de todo o povo. E todos os dias acrescentava o Senhor à igreja aqueles que se haviam de salvar. (Atos 2:42-47)

Que comunidade amorosa, não é mesmo? É o sonho de todo pastor. Ah se fosse sempre assim! Na verdade, deveria ser. Esse era o propósito de Deus quando instituiu a igreja, a comunidade dos salvos em Jesus. Esse estilo de vida descrito em Atos 2 somente seria possível se aqueles discípulos tivessem o tipo de amor uns pelos outros descrito por Jesus, um amor que congrega, participativo, que pensa nas necessidades espirituais e materiais do próximo, que partilha a oração e o pão, que está unido não apenas verticalmente (o indivíduo e Deus), mas horizontalmente (as pessoas umas com as outras), e isso chamou a atenção "de todo o povo". Isso é testemunho vivo. A vida descrita por Lucas dos primeiros cristãos revelava que eles tinham esse tipo de amor. Eles haviam começado muito bem. As qualidades desse tipo de amor estão descritas em por Paulo nestas palavras:

> O amor é sofredor, é benigno; o amor não é invejoso; o amor não trata com leviandade, não se ensoberbece. Não se porta com indecência, não busca os seus interesses, não se irrita, não suspeita mal; não folga com a injustiça, mas folga com a verdade; tudo sofre, tudo crê, tudo espera, tudo suporta. O amor nunca falha... (1Coríntios 13:4-8a)

Esse amor, na verdade, descreve o caráter de Cristo. Uma passada de olhos pela Bíblia revelará isso facilmente:

- *Sofredor* (a versão Almeida Revista e Atualizada registra "paciente"). Jesus sofreu por nós, apesar de sermos pecadores, filhos da ira e de estarmos mortos em nossos delitos: "Porque Cristo, estando nós ainda fracos, morreu a seu tempo pelos ímpios. Porque apenas alguém morrerá por um justo; pois poderá ser que pelo bom alguém ouse morrer. Mas Deus prova o seu amor para conosco, em que Cristo morreu por nós, sendo nós ainda pecadores" (Romanos 5:6-8; leia também Isaías 53:4-5). O valioso *Comentário bíblico pentecostal* traz este esclarecimento: "'Compassivo' é uma tradução mais antiga que está próxima da etimologia da palavra grega; sustenta a ideia de estar "longe da ira" [...] ou de ter "domínio próprio" [...]. Esta virtude é que suporta os danos pessoais sem o pensamento de vingança (veja [Romanos 2:4; 1Pedro 3:20; 2Pedro 3:9,15]. É uma característica ou aspecto do fruto do Espírito [Gálatas 5:22-23]."[9]
- *Benigno*. Jesus sempre foi benevolente, de boa índole, humano, bondoso, cortês e prestativo no tratamento com os outros, complacente, generoso, mesmo com aqueles que falharam em cumprir sua vontade, como aconteceu com Pedro, que o negou três vezes e fugiu para não ser preso (Lucas 22:31-32; João 21:15-22); Jesus até mesmo ofereceu perdão aos seus executores: "Pai, perdoa-lhes, porque não sabem o que fazem" (Lucas 23:34).
- *Não é invejoso*. Jesus jamais invejou quem ou o que quer que fosse. Quando foi tentado pelo Diabo a receber "os reinos do mundo, e a glória deles", simplesmente declinou, pois não tinha inveja dos poderosos nem do seu domínio e poder (Mateus 4:8-10), e confirmou isso ao negar os apelos de uma multidão eufórica com seus milagres que queria proclamá-lo rei (João 6:14-15).

[9] P. 1022.

- *Não trata com leviandade.* Jesus nunca tratou a alguém com insensatez, irreflexão ou com falta de seriedade. Ao contrário, sempre foi respeitoso para com todos, até mesmo com pessoas consideradas inimigas do seu povo. Numa época em que judeus respeitáveis não falavam com mulheres em público, nem muito menos se ela fosse gentia ou, pior ainda, samaritana, Jesus deu um tratamento respeitoso a uma samaritana de vida moral questionável, deixando até mesmo a própria mulher espantada, bem como seus discípulos judeus (João 4:9, 27). Esse estava acima dessas rixas mesquinhas e segregacionistas.
- *Não se ensoberbece.* Jesus não se ensoberbeceu perante outras pessoas. A passagem do lava-pés é um grande exemplo de sua humildade. Ele, mesmo sendo Mestre e Senhor, assumiu a condição do mais humilde dos servos e lavou os pés nada limpos de seus discípulos, deixando todos atônitos, e concluiu com estas palavras: "Ora, se eu, Senhor e Mestre, vos lavei os pés, vós deveis também lavar os pés uns aos outros. Porque eu vos dei o exemplo, para que, como eu vos fiz, façais vós também. Na verdade, na verdade vos digo que não é o servo maior do que o seu senhor, nem o enviado maior do que aquele que o enviou. Se sabeis estas coisas, bem-aventurados sois se as fizerdes" (João 13:3-17). Que exemplo de humildade e serviço!
- *Não se porta com indecência.* Jesus jamais se portou "de modo vexatório, indesejável".[10] Os escribas e os fariseus o acusaram disso quando Jesus aceitou o convite de Mateus Levi para uma refeição em sua casa: "E os escribas deles, e os fariseus, murmuravam contra os seus discípulos, dizendo: Por que comeis e bebeis com publicanos e pecadores? E Jesus, respondendo, disse-lhes: Não necessitam de médico os que estão sãos, mas, sim, os que estão enfermos; eu não vim chamar os justos, mas, sim, os pecadores,

[10]*Comentário bíblico pentecostal*, p. 1022.

ao arrependimento" (Lucas 5:29-32). Jesus teria se portado de forma indecente se tivesse se deixado levar pelo estilo de vida dos "pecadores", mas ele transformou aquele ambiente e levou salvação às almas perdidas e sedentas. Os inimigos de Jesus, sim, é que eram indecentes.

- *Não busca os seus interesses.* Jesus sempre buscou os interesses dos outros. Quando ainda estava agonizando da cruz, ele ainda teve a bondade de pensar na sua mãe e no seu discípulo: "Ora Jesus, vendo ali sua mãe, e que o discípulo a quem ele amava estava presente, disse a sua mãe: Mulher, eis aí o teu filho. Depois disse ao discípulo: Eis aí tua mãe. E desde aquela hora o discípulo a recebeu em sua casa" (João 19:26-27). Antes de padecer sob a mão dos pecadores e por eles, Jesus disse ao Pai: "Pai, se queres, passa de mim este cálice; todavia não se faça a minha vontade, mas a tua" (Lucas 22:42). Ele prezava, acima de tudo, a vontade e os interesse de seu Pai.
- *Não se irrita.* Algum incrédulo pode apontar a passagem da expulsão dos cambistas do templo de Jerusalém como um momento de ira da parte de Jesus, o que poderia pôr em dúvida seu caráter não iracundo. O erro dessa gente é confundir a justa ira divina com a injusta ira humana, que é descontrolada, tem foco errado, motivação indevida e durabilidade na mente e no coração. Jesus amava a Casa de Oração de seu Pai, o Templo, que havia sido transformado em covil de ladrões, que se valiam da fé dos mais simples para explorá-los financeiramente. Seu gesto de indignação contra a iniquidade daqueles mercenários da fé revelou zelo e amor não apenas pela Casa do Pai, mas também pelos pobres explorados (João 2:13-22). "Corretamente compreendida, a ira *de per si* não está errada [Efésios 4:26]. A ideia aqui é de hipersensibilidade ou irritabilidade (veja Atos 15.39)".[11]

[11] *Comentário bíblico pentecostal*, p. 1022.

- *Não suspeita mal* (a versão Almeida Revista e Atualizada traz "não se ressente do mal"). Segundo o *Comentário bíblico pentecostal*: "O amor não mantém uma lista de danos pessoais infligidos por outra pessoa, com a intenção de pagar na mesma moeda."[12] Hoje já se sabe que quem guarda rancor no peito sofre imensamente, pois fica se remoendo e pensando não só no que lhe fizeram, o que traz mais sofrimento, dor e raiva, mas também fica maquinando vingança no coração, o que é um veneno para a alma. Se Jesus fosse fazer uma lista dos que lhe fizeram mal, nosso nome estaria no topo dela, pois ele foi para a cruz por causa dos nossos pecados, sim, os meus e os seus. Felizmente Jesus não é adepto do "Olho por olho, e dente por dente" (leia Mateus 5:38-42). A atitude elogiável de José do Egito em relação a seus irmãos ainda é um exemplo em pequena escala do tipo de amor imenso que Jesus demonstrou por nós (veja Gênesis 45:1-15). Embora merecêssemos o inferno, ele nos concedeu graciosamente o céu. Que graça maravilhosa!
- *Não folga com a injustiça, mas folga com a verdade.* Jesus tem o foco certo: ele rejeita tudo o que é mal e se alegra (folga) com tudo "o que é verdadeiro, tudo o que é honesto, tudo o que é justo, tudo o que é puro, tudo o que é amável, tudo o que é de boa fama", enfim, tudo o que é virtuoso e louvável (Filipenses 4:8). Na sua Oração Sacerdotal, ele orou por nós: "Santifica-os na tua *verdade*; a tua palavra é a verdade. [...] E por eles me santifico a mim mesmo, para que também eles sejam santificados na *verdade*" (João 17:17,19). O *Comentário bíblico pentecostal* explica: "No contexto presente, em contraste com a injustiça, ele fala de uma conduta íntegra, que consiste em viver conforme 'a verdade' [João 3.21]. Na análise final, a verdade é o próprio Senhor Jesus [João 14:6]."[13]

---

[12] P. 1022.

[13] P. 1022.

- *Tudo sofre.* O *Comentário bíblico pentecostal* cita uma publicação que "sugere que esta declaração fala do 'amor que suporta em silêncio o que é desagradável em outra pessoa'".[14] Nesse caso, "tudo sofre" pode ser lido como "tudo tolera", "tudo suporta". Imagine todos os momentos em que Jesus via seus discípulos discutindo sobre quem seria o maior entre eles, sobre quem se sentaria à sua direita e à sua esquerda, ou até mesmo quando demonstravam pouca fé. Imagine vendo-os fugir enquanto ele era preso; pense no momento em que ele viu Pedro o negar... Ele, no entanto, relevou tudo isso neles. Esse "tudo sofre" deve ser lido à luz de 1Pedro 4:8: "Mas, sobretudo, tende ardente amor uns para com os outros; *porque o amor cobrirá a multidão de pecados*".
- *Tudo crê.* O *Comentário bíblico pentecostal* também dá como alternativa a tradução: "sempre confia", e explica: "O amor acredita no melhor, não no pior, sobre as pessoas e suas ações. Isto não sugere uma cegueira seletiva para com os pecados e culpas dos outros, mas traz a cautela contra uma atitude de censura aos outros."[15] Era assim que Jesus agira para com seus discípulos, como foi demonstrado, e é assim que ele deseja que hajamos uns para com os outros. Devemos amar os outros como ele nos amou.
- *Tudo espera.* "Em relação aos fracassos dos outros, o amor é otimista, esperando que tais pessoas, em última instância, superem suas deficiências",[16] como declara o *Comentário bíblico pentecostal.* Essa é exatamente a atitude do Senhor em relação a nós, pecadores salvos pela graça. O fato de termos a ajuda do Espírito Santo para interceder por nós em nossas fraquezas (Romanos 8:26) e termos livre acesso ao Pai para pedir perdão pelos pecados em nome de Jesus e receber o perdão pelo seu sangue precioso (1João 1:7—2:2) é prova suficiente de que o Senhor sabe

[14] P. 1023.
[15] P. 1023.
[16] P. 1023.

que estamos em processo de aperfeiçoamento moral. Ele sabe que precisamos de tempo, uns mais e outros menos, mas que a obra só se completará quando Jesus voltar, quando então "seremos semelhantes a ele" (1João 3:2), pois teremos atingido a condição de "homem perfeito", a "medida da estatura completa de Cristo" (Efésios 4:13). Ainda bem que ele sabe esperar.

- *Tudo suporta.* O *Comentário bíblico pentecostal* dá como opção a frase "sempre persevera",[17] mostrando a constância do amor ou como ele é inabalável, ou, nas palavras de Cantares (Cântico dos Cânticos): "o amor é forte como a morte" (Cantares 8:6). As circunstâncias da vida não podem extingui-lo: "As muitas águas não podem apagar este amor, nem os rios afogá-lo" (Cantares 8:7). Esse é o tipo de amor que o Senhor tem para conosco. É um amor perseverante. Por isso, Paulo pôde fazer o desafio: "Quem nos separará do amor de Cristo?", para então encerrar com estas palavras: "Porque estou certo de que, nem a morte, nem a vida, nem os anjos, nem os principados, nem as potestades, nem o presente, nem o porvir, nem a altura, nem a profundidade, nem alguma outra criatura nos poderá separar do amor de Deus, que está em Cristo Jesus nosso Senhor" (Romanos 8:38-39).

Por isso, podemos então entender por que não é à toa que a Bíblia diz que "Deus é amor" (1João 4:8). Faz todo o sentido. Esse é o padrão de amor que ele espera de nós, de sua igreja. A descrição de Atos 2 relata que foi assim que tudo começou. Nesse relato, Deus nos mostra o que ele deseja de nós, mesmo que saiba que não manteremos esse padrão o tempo todo, pois nem a igreja primitiva o fez. Mas o que importa é o modelo de vida que está delineado ali, e podemos olhar para esse farol de comportamento e viver de acordo com a vontade de Deus. Se cumprirmos a vontade do Senhor, certamente cairemos "na graça

---

[17] P. 1023.

de todo o povo", testemunhando o amor de Cristo na prática, vendo a igreja crescer mais e mais para a honra e a glória do Senhor. Todos saberão que somos discípulos de Jesus se testemunharmos que nos amamos uns aos outros com "o amor de Deus", que "está derramado em nossos corações pelo Espírito Santo que nos foi dado" (Romanos 5:5).

Há uma passagem bíblica que revela o poder do testemunho poderoso de uma vida centrada em Cristo:

> Semelhantemente, vós, mulheres, sede sujeitas aos vossos próprios maridos; para que também, se alguns não obedecem à palavra, pelo porte de suas mulheres sejam ganhos sem palavra; considerando a vossa vida casta, em temor. (1Pedro 3:1-2)

O que Pedro disse para as mulheres em relação a seus maridos também serve de princípio para todos os relacionamentos. Às vezes é preciso calar para deixar que nossas ações falem por si sós, e elas também têm um poderoso efeito. Há um velho ditado que diz que "as ações falam mais alto do que as palavras", e isso está bem retratado nessas palavras de Pedro.

Infelizmente, há muitos crentes que vivem alardeando por aí que possuem as doutrinas bíblicas verdadeiras, mas não o fazem com amor, e isso quando não atacam as pessoas com a Palavra de Deus, o que é lamentável, sem contar o fato de que a vida delas geralmente não reflete o caráter de Cristo. Para essas pessoas, o pastor Antonio Gilberto tem uma palavra da parte de Deus:

> [...] a doutrina sem a sua prática através da vida santa do crente, do seu testemunho, dos bons costumes e práticas, da conduta irrepreensível, da honestidade, é uma contradição, é conflitante, é mistificação. Seria uma salvação anômala, sem renúncia, sem testemunho prático; enfim, um tropeço perante o mundo.[18]

---

[18] *Doutrina bíblica e os usos e costumes na igreja*, p. 29.

Mais adiante, ele arremata: "A doutrina do Senhor sem testemunho ou expressão prática é como um corpo sem vida."[19] Isso nos leva diretamente à Carta de Tiago:

> Meus irmãos, que aproveita se alguém disser que tem fé, e não tiver as obras? Porventura a fé pode salvá-lo? E, se o irmão ou a irmã estiverem nus, e tiverem falta de mantimento quotidiano, e algum de vós lhes disser: Ide em paz, aquentai-vos, e fartai-vos; e não lhes derdes as coisas necessárias para o corpo, que proveito virá daí? Assim também a fé, se não tiver as obras, é morta em si mesma. (Tiago 2:14-17)

Graças a Deus por sermos salvos "pela graça [...] por meio da fé; e isto não vem de [nós], é dom de Deus. Não vem das obras, para que ninguém se glorie" (Efésios 2:8-9). O versículo, contudo, continua: "Porque somos feitura sua, criados em Cristo Jesus para as boas obras, as quais Deus preparou para que andássemos nelas" (Efésios 2:10). Deus deseja que seu povo salvo viva uma vida de "boas obras", uma vida frutífera: "O qual se deu a si mesmo por nós para nos remir de toda a iniquidade, e purificar para si um povo seu especial, *zeloso de boas obras*" (Tito 2:14). Tanto a salvação pela graça mediante a fé quanto as boas obras são presentes de Deus para nós. Não podemos aceitar um em detrimento do outro. Trata-se de um conjunto. São elementos de uma mesma engrenagem. Ao falar dos primeiros cristãos, Antonio Gilberto declara:

> Não é de admirar que suas vidas foram testemunhos poderosos em favor do evangelho, fazendo com que aqueles que entravam em contato com eles ficassem sedentos pela salvação. E havia uma colheita diária de almas, conforme o Senhor ia acrescentando a Igreja, aqueles que iam sendo salvos (ver Atos 2:46-47).[20]

---

[19] *Doutrina bíblica e os usos e costumes na igreja*, p. 30.

[20] *Fruto do Espírito*, p. 31.

Myer Pearman complementa:

> A testemunha no foro é submetida ao interrogatório. E nós, como testemunhas do Senhor, somos submetidos a semelhantes interrogatórios por parte do mundo. As pessoas, depois de ouvirem nosso testemunho, prestam atenção em nossa conduta para então, mentalmente, calcular o relacionamento entre o que falamos e vivemos.[21]

O eminente teólogo assembleiano Claudionor Corrêa de Andrade declara o seguinte sobre o que está envolvido no nosso testemunho:

> O testemunho de Jesus envolve não somente o anúncio do Evangelho como também a postura irrepreensível e santa do crente que, neste mundo que jaz no maligno, constitui-se num eloquente protesto contra o pecado.[22]

Nessa seara moderna de uma tão grande nuvem de testemunhas de crentes fiéis que deram testemunho ao mundo e à igreja de uma vida honrada e digna diante do Senhor, quero destacar a vida do pastor Paulo Leivas Macalão (1903-1982), um exemplar servo de Deus e pastor de almas, fundador do Ministério de Madureira das Assembleias de Deus. Eu tive a honra de conviver e aprender muito com ele, e quero endossar aqui as palavras acerca dele:

> Apesar da sua aparente inflexibilidade nas decisões que tomava para resolver casos bastante difíceis, onde tinha de agir como juiz, Paulo Leivas Macalão era um homem humilde. [...] Reconhecia em tudo que tinha por Senhor um Deus santo, poderoso, justo, paciente e misericordioso. Dele bem poderia ter dito o Mestre: "Eis um verdadeiro cristão, em quem não há dolo". Sim, poderia ter havido culpa, mas jamais dolo.

[21] *Atos: e a igreja se fez missões*, p. 14.

[22] *Dicionário de escatologia bíblica*, p. 168.

> Poderia ter havido indecisão, mas nunca premeditação. Por tudo isso ele é digno do nosso alto respeito, da nossa profunda admiração.
>
> Como exemplo de sua humildade, houve quem o visse pedindo perdão a alguns irmãos. Um dos maiores testemunhos da grandeza do seu coração é a sua correspondência, que foi relida pela irmã Zélia após a morte dele.
>
> Sobre o envelope daquelas cartas que mais lhe feriram, por terem sido escritas por mãos ingratas e almas sem amor, o irmão Paulo havia escrito: "Perdoado, graças a Jesus".
>
> Sim, Paulo Macalão sabia perdoar, e quem sabe perdoar é grande diante de Deus. E sabia perdoar apesar da situação "sui generis" [única] que ocupava entre as centenas de milhares de crentes que compõem o Ministério de Madureira: ele foi como um general, a quem todos amavam e obedeciam.
>
> Mas um general que pastoreava ovelhas, em vez de comandar soldados, um general que se fazia obedecer pelo amor e respeito que inspirava, e não por uma dura disciplina.[23]

Que belo testemunho esse homem de Deus, o pastor Paulo Leivas Macalão, deixou para a igreja e para o mundo. As palavras de Apocalipse também se aplicam a esse cristão exemplar: "Bem-aventurados os mortos que desde agora morrem no Senhor. Sim, diz o Espírito, para que descansem dos seus trabalhos, e as suas obras os seguem" (Apocalipse 14:13). Que o mesmo se diga a nosso respeito quando formos nos encontrar com o Senhor. Que deixemos nosso testemunho marcado neste mundo, confirmando que o nosso chamado para testemunhar por meio de palavras e ações foi aceito e levado a sério para a honra e a glória do Senhor.

Há ainda uma outra forma de testemunhar muito poderosa da parte de Deus, e gostaria de compartilhar isso com os leitores.

---

[23] *Paulo Macalão: a chamada que Deus confirmou* (Rio de Janeiro: CPAD, 1983), p. 82-82.

TESTEMUNHANDO ATRAVÉS DOS MILAGRES

Jack Deere foi durante muito tempo um pastor tradicional que não acreditava em milagres para os dias atuais. Para ele, esses atos extraordinários de Deus cessaram na era pós-apostólicos. Ele até cria que Deus poderia falar milagres, pois, afinal, "Ele é Deus, e pode fazer qualquer coisa que desejar", como declarou em seu livro *Surpreendido pelo poder do Espírito*.[24] Ele prossegue seu relato:

> Simplesmente, Ele não fazia as coisas com tanta frequência. De fato, as fazia tão raramente que, durante todos os meus anos como crente, não poderia apontar um único milagre de cura confiadamente resultante do poder de Deus. Eu nem ao menos tinha ouvido falar em algum milagre desses! Também não podia apontar um milagre historicamente comprovado, após a morte dos apóstolos, excetuando-se a conversão, que eu acreditava, como até hoje, ser o maior dos milagres. Além da conversão, minhas experiências mais próximas de um milagre eram respostas às orações, especialmente acerca de necessidades financeiras, por demais específicas para serem relegadas a meras coincidências.
>
> A ausência de milagres em minha experiência, contudo, não me perturbava, porque estava convicto de que Deus operara essa mudança. Eu tinha a confiança de poder provar pelas Escrituras, pela teologia e pelo testemunho da história eclesiástica, que Deus suspendera os dons sobrenaturais do Espírito Santo.[25]

Em outro trecho, ele afirma:

> [...] Não precisava de milagres de cura. Minha família e eu sempre havíamos gozado de boa saúde, e, nas raras ocasiões em que precisávamos de algumas bandagens ou um pouco de medicina, os médicos da família eram mais do que suficientes. A nossa congregação era jovem, e

---

[24] P. 14.

[25] *Surpreendido pelo poder do Espírito*, p. 14.

pouquíssimas mortes haviam ocorrido em sete anos de história. Curas divinas não apareciam na nossa lista de prioridades.[26]

Até então, ele partilhava a crença de seu círculo teológico de que "houve apenas três períodos em que os milagres eram comuns na história do trato de Deus com o seu povo: nos dias de Moisés e Josué, de Elias e Eliseu e de Cristo e seus apóstolos".[27] Felizmente, esse pastor foi surpreendido pelo poder do Espírito Santo em sua própria igreja ao presenciar milagres da parte de Deus e reviu sua teologia ao ver que o Senhor ainda operava verdadeiros milagres, a despeito dos abusos que outros cometiam nessa área. Depois de confirmar que a Bíblia não aprova essa teologia de que os milagres não são para os dias atuais, Jack Deere apresenta "uma razão fundamental pela qual crentes que confiam na Bíblia não acreditam na atualidade dos dons miraculosos do Espírito Santo". Ele afirma:

> [...] *eles nunca os viram*. Suas tradições, naturalmente, apoiam essa falta de fé, mas elas não teriam sucesso se não estivessem ligadas à falta de experiência com milagres. Deixe-me reiterar o que já disse: os crentes não descreem nos dons miraculosos do Espírito por ser este um ensino das Escrituras, mas porque ainda não os experimentaram.[28]

"Eles nunca os viram." Felizmente, este não é o meu caso. Posso testemunhar acerca do poder de Deus na atualidade, pois vi e vejo o Senhor realizar muitos milagres, e gostaria de compartilhar alguns com os amados leitores, a fim de que sua fé no poder de Deus seja fortalecida e você possa recorrer ao Deus da Bíblia quando o momento o exigir. Esse é um poderoso testemunho para o mundo. Estamos

---

[26] *Surpreendido pelo poder do Espírito*, p. 15.
[27] *Surpreendido pelo poder do Espírito*, p. 51.
[28] *Surpreendido pelo poder do Espírito*, p. 58. Sugiro a leitura do capítulo 5, "Por que muitos crentes não creem nos dons espirituais", no qual Jack Deere analisa e rebate os principais argumentos contra a cura divina.

falando do "Deus de perto", daquele que se interessa por nós e está diretamente envolvido com sua criação, que se revela e intervém com sinais e maravilhas quando bem lhe apraz.

Lembro-me de um episódio envolvendo minha neta, Manuela, filha do meu primogênito Paulo. Ela estava na época com quase dois anos e teve uma convulsão que a deixou à beira da morte. Paulo correu com ela ao Hospital Sírio-Libanês. Ele me ligou de lá e pediu oração. Depois, desesperado, me informou: "Pai, ela morreu." Tentei incentivá-lo a manter a fé naquele momento de desespero. Quando a enfermeira a pegou, confirmou que ela já estava morta. Mas Deus me disse no coração que ela ressuscitaria ao ser recebida pelo médico. Quando o médico chegou e tomou minha neta nos braços, aconteceu o que Deus pôs no meu coração: ela ressuscitou. Aleluia! Ainda foi preciso que permanecesse no hospital algum tempo, mas saiu de lá superbem, sem sequelas. Minha neta não foi a única ressuscitada por Deus nestes tempos modernos. Por que ele a ressuscitou? Não sei a razão. Apenas posso testemunhar que ele o fez para sua honra e glória. Nos dias do ministério terreno de Jesus, a viúva de Naim não foi a única que havia perdido seu filho para a morte (Lucas 7:11-17), nem Marta e Maria haviam sido as únicas irmãs a terem um irmão morto (João 11:39-44). Por que Jesus não ressuscitou outros mortos? Por que ele ressuscitou minha neta, mas não ressuscitou minha esposa? Simplesmente não temos as respostas a essas perguntas. Vale a pena citar aqui as palavras do pastor Jack Deere a respeito dessa questão:

> *Deus cura com propósitos soberanos.* Vale a pena reiterar este ponto. Algumas curas do Novo Testamento não apresentam qualquer evidência de serem resultado da fé dos curados ou dos que os trouxeram a Jesus, nem fazem alusão à glória ou à compaixão do Senhor. Em suma, eram simples atos da vontade divina, como se evidencia por uma série de milagres ocorridos num dia de sábado [Mateus 12:9-13; Marcos 3:1-5; Lucas 6:6-10; 14.1-4; João 5:1-9]. Há também a cura da orelha de Malco [Lucas 22:50-51], onde Jesus se recusa a aceitar as consequências do ato precipitado de Pedro.

> Há ocasiões em que o Senhor cura de forma inesperada, sem razão aparente. Ou ocorre o contrário: a cura tão esperada não acontece. São atos da soberania de Deus, que não tem a obrigação de nos revelar seus propósitos.[29]

> A Bíblia declara que é Deus quem cura, e Ele cura de acordo com a sua soberana vontade, não segundo o querer humano [Salmos 72:18; 103:3; 136:4; Êxodo 15:26].[30]

Essa resposta deve nos contentar. No entanto, podemos acrescentar que, em breve, a promessa de Jesus se cumprirá para todos os fiéis: "Eu sou a ressurreição e a vida; quem crê em mim, ainda que esteja morto, viverá; e todo aquele que vive, e crê em mim, nunca morrerá. Crês tu isto?" (João 11:25-26). Só não duvide do poder de Deus para realizar esse tipo de milagre nos dias hoje.

Outro milagre de Deus que presenciei foi o nascimento de meu caçula, o Jeziel André, que todo mundo conhece apenas como Léo. O médico dizia a minha esposa Haydée que ela não poderia mais engravidar (já estávamos com cinco meninos e uma menina). Em razão dos graves problemas de saúde dela, ele apresentou o parecer de que ela não teria mais do que dez anos de vida, devido à debilidade de seu coração e dos seus pulmões. Mesmo com os riscos envolvidos, ela queria muito ter outro filho, o que aconteceu. Foi realmente uma gravidez de alto risco. Certo dia, ela passou muito mal. Por volta do sétimo mês, ela quase perdeu a criança. No nono mês, ela começou a sentir as dores de parto. Fomos ao hospital, onde ela realizou diversos exames. Com os resultados em mãos, o médico me chamou e me pediu para assinar um documento escolhendo entre o parto normal ou a cesariana, e me explicou que a decisão tinha a ver com escolher a quem salvar: a mãe ou o criança. Eu disse ao médico que acreditava no Deus dos milagres

[29] *Surpreendido pelo poder do Espírito*, p. 219.
[30] *Surpreendido pelo poder do Espírito*, p. 261.

e que não assinaria o documento, pois queria os dois, pois ambos eram promessas de Deus para minha vida. Saí da presença do médico e fui então orar. Algum tempo depois, o médico me chamou num tom apressado. Naquele momento, pensei o pior. Quando entrei na sala, vi os aparelhos ligados. Eles estavam normais, sem alterações. A criança nasceu normal e minha esposa estava bem. Glória a Deus! O médico ficou espantado com a situação. Ele não esperava ter os dois ali, mas apenas um. O Léo nasceu como promessa de Deus. Eu tinha plena certeza e confiança de que o Deus que o trouxe para esta existência tinha certamente um grande propósito para a vida dele. Certa ocasião, o Léo me disse que teria um ministério da parte de Deus, e já sabia qual era: o de ensino. Detalhe: ele só tinha *cinco* anos de idade! Ele fez muitas coisas nessa área em nossa igreja e foi uma grande bênção. Embora tenha dado um tempo em seu ministério, creio que Deus o trará de volta a fim de que ele cumpra o ministério para o qual foi chamado. Tenho por certo que aquele começou a boa obra na vida do Léo a aperfeiçoará até ao dia de Jesus Cristo (Filipenses 1:6).

Entre tantos outros casos de milagres de cura divina que me vem à mente, destaco um envolvendo meu quinto filho, o Jether, quando ele tinha uns cinco anos de idade. Ele passou a sentir muitas dores, nuca rígida e pintas pelo corpo. Então o levamos o hospital. Suspeitaram de meningite (nessa época, estava havendo em São Paulo um surto dessa infecção contagiosa). Depois de realizar alguns exames, o médico disse que faria um exame específico, invasivo e bem dolorido: o de liquor, que analisaria o fluído transparente e incolor produzido pelo cérebro e que está concentrado em parte da cabeça e da coluna. O resultado deu positivo para meningite. O médico disse que ele teria de ser encaminhado ao Instituto Emílio Ribas, referência em infectologia, a fim de ficar em isolamento. Lá se foi o Jether de ambulância, e eu atrás, seguindo a viatura de perto, mas bem de perto mesmo. Corri tanto quanto o motorista daquele veículo. Depois de preencher a ficha, ele foi encaminhado ao médico, que o pôs em isolamento. Eu e minha esposa ficamos lá. Algum tempo depois, fiz um pedido ao médico: que submetesse o Jether a um novo exame de liquor. O médico perguntou se era mesmo isso que eu queria, pois isso causaria dores ao meu pequeno. Não havia necessidade de novo exame, pois o diagnóstico já estava confirmado. Insisti com o médico, pois eu disse que Deus era poderoso para curar meu filho. Ele então me disse: "Pai, não faça isso com seu filho. Não me peça tal coisa." Insisti mesmo assim. Ele continuou insistindo na negativa. Por fim, chamou então o encarregado do plantão e explicou o que eu queria. Mais um não. Mas eu disse que faria uma oração de cura pelo meu filho, e que um novo exame atestaria o restabelecimento de sua saúde. Diante da insistência, o pedido foi atendido e um novo exame foi feito. O resultado levaria umas três horas para sair. O Jether estava muito pálido. Fui para o carro, e lá fiquei orando e suplicando a Deus para ele curar meu filho. Orei, orei e orei. Tempos depois, chegou a Haydée, e oramos juntos, ajoelhados. Retornamos e ficamos ao lado do Jether. Os médicos então vieram com os dois exames: um já estava com o resultado positivo para meningite, e outro? O outro deixou os médicos perplexos. Ele me disse: "Os exames não bateram." O resultado do segundo exame mostrava que não havia realmente meningite, embora o primeiro atestasse isso claramente. Mesmo assim, ele queria mantê-lo no isolamento. Tive de dizer ao médico que não havia mais necessidade de deixá-lo no isolamento, pois meu filho estava curado pelas mãos de Deus. Insisti no fato de que, uma vez curado, não era preciso submeter meu filho a isso. Chamaram novamente a médica responsável, que se espantou diante do resultado. Mesmo assim, queriam isolá-lo. Finquei pé para que isso não acontecesse. Apelei para o instinto de mãe da médica, e disse que lutaria pelo meu filho como ela lutaria pelo dela. Os médicos conversaram entre si, e então decidiram liberá-lo, conquanto ele ficasse isolado em casa, por via das dúvidas. Mas eu e Haydée não tínhamos dúvidas. Mesmo assim, mantivemos o Jether isolado dos outros filhos em casa. Seguimos as recomendações. Deveríamos levá-lo de volta ao hospital em sete dias, mas se ele sentisse dor de cabeça forte ou vomitasse, deveria ser levado ao hospital imediatamente. Chegamos em casa às 5 da manhã. Acordei a todos para agradecer a Deus pela cura do Jether. Ele não teve nenhuma das reações esperadas pelos médicos. Voltamos com ele sete dias depois. O médico o viu, o examinou, fez algumas perguntas sobre dores etc., e finalmente constatou a cura e me pediu para agradecer a Deus, confirmando que houve realmente um milagre. Deus seja louvado!

Para não ficar apenas na minha família, permita-me relatar mais um caso de cura divina. Em 1973, fui designado para dirigir uma congregação no Mandaqui, na Zona Norte de São Paulo. Assumi a igreja, que havia passado por alguns problemas. Desenvolvemos um bom trabalho lá. Certo dia, num culto de Escola Bíblica Dominical, um casal me procurou, e disse que a cunhada voltou do hospital para morrer em casa. Lurdes, a irmã que me procurou, disse que o médico mandou a mulher para casa a fim de passar os últimos momentos ao lado dos familiares. Ela então me pediu para orar por essa pessoa desenganada pela medicina. Nem ela nem o marido eram crentes. Fui então com o casal e meu cunhado, Paulo Freitas, à casa da desenganada. Quando chegamos, o marido estava trabalhando a fim de ocupar o tempo e não pensar na triste sina da esposa. Fui apresentado a ele, e passamos a conversar. Ele então me autorizou a entrar e a orar pela esposa. Ao ver o rosto da mulher, assustei-me. A mulher estava muito magra. Foi perceptível por que o médico a mandou para casa. Senti de Deus para ler alguns textos do Novo Testamento que falam de cura divina, como Mateus 8:16-17 e Tiago 5:14-16. Ela não falava nada, mas prestava muita atenção. Depois das leituras, perguntei: A senhora crê nesses relatos? Ela confirmou com a cabeça. Pedi então permissão para fazer uma oração nesse sentido, e ela consentiu. Impus as mãos sobre ela, orei e repreendi a enfermidade em nome de Jesus. O esposo nem entrou para acompanhar a oração. Depois de orar, nos despedimos dela e fomos embora. No domingo seguinte, na igreja, o casal que pediu o socorro trouxe uma novidade: "Pastor, temos uma bênção para lhe contar.

Quando saímos de lá naquele dia, a mulher se levantou da cama e foi para a cozinha, e fez o almoço. Quando o marido entrou na casa, viu a mulher e se assustou, e disse que Jesus a havia curado, e glorificou a Deus." Outra bênção sucedeu a esse milagre: a mulher engravidou um mês depois da cura. Menos de um ano depois, ela estava amamentando uma nova vida. Quão grande é o nosso Deus, não é mesmo?

Esses e tantos outros relatos de milagres são testemunhos do poder de Deus. Ele continua agindo neste mundo realizando sinais e maravilhas, e confirmando sua palavra: "E estes sinais seguirão aos que crerem: Em meu nome expulsarão os demônios; falarão novas línguas; pegarão nas serpentes; e, se beberem alguma coisa mortífera, não lhes fará dano algum; e porão as mãos sobre os enfermos, e os curarão" (Marcos 16:17-18). Jack Deere, o pastor tradicional que se tornou pentecostal, citado no início deste subtítulo, disse o seguinte: "Dons de cura foram dados a toda a Igreja. Os anciãos devem ter um ministério regular de curas [Tiago 5:14-16]."[31] Apesar dos abusos na área de milagres praticados por aí, isso não invalida a verdadeira ação de Deus no mundo ao realizar sinais e maravilhas. Devemos continuar a buscar esse dom do Espírito Santo e a testemunhar do Deus de "sinais e maravilhas" (Deuteronômio 6:22; leia também Atos 4:29-31; 5:12; Hebreus 2:4).

O chamado ao testemunho fortalece a certeza de que Deus nos chamou para servi-lo, produzindo frutos espirituais, e podemos fazer isso de diversas formas, como veremos no capítulo seguinte.

---

[31] *Surpreendido pelo poder do Espírito*, p. 258.

7

CHAMADOS PARA SERVIR E DAR FRUTOS

... qualquer que entre vós quiser ser grande, será vosso serviçal; e qualquer que dentre vós quiser ser o primeiro, será servo de todos. Porque o Filho do homem também não veio para ser servido, mas para servir e dar a sua vida em resgate de muitos. (Marcos 10:43-45)

... servi-vos uns aos outros pelo amor. (Gálatas 5:13)

Nisto é glorificado meu Pai, que deis muito fruto; e assim sereis meus discípulos. (João 15:8)

A vida cristã é e deve ser uma vida de serviço a Deus e ao próximo. Pelo menos foi o que aprendemos com Jesus, tanto por meio de palavras, como as de Marcos 10:43-45, registradas acima, quanto por intermédio de ações. Fomos chamados para servir e dar frutos. Muitos, no entanto, possuídos pelo espírito individualista, inverteram a lógica divina e querem ser servidos ao invés de servir. Outros não querem uma coisa nem outra. Embora o fato de não quererem ser servidos seja algo até elogiável, o fato de não quererem servir e produzir frutos para o reino de Deus é reprovável, pois reflete um espírito de indiferença e vai na contramão da vontade de Deus explanada na Bíblia. Portanto, não se dispor a servir a Deus e ao próximo e se recusar a dar frutos não é uma opção razoável e inteligente.

O chamado ao serviço e à produção de frutos torna o cristão mais parecido com Jesus, o supremo exemplo de serviço a Deus e ao próximo. Devemos ter uma vida produtiva, repleta de boas obras, conforme Jesus declarou em João 15. Esses frutos revelam o tipo de árvore que somos. Ninguém quer ser uma árvore pobre e infrutífera. Isso deve nos levar a refletir sobre que tipo de fruto temos produzido para Deus tanto na igreja quanto na sociedade. Essa avaliação deve nos levar a aprimorar nosso serviço e nossa produtividade espiritual. Produzir frutos é um mandamento divino para nossa vida, e não o fazemos porque queremos ser salvos, mas porque somos salvos. Quem foi chamado para crer também foi chamado para servir e dar frutos e viver uma vida rica em boas obras, seja na igreja, seja na sociedade.

CRIADOS PARA SERVIR E DAR FRUTOS

Desde o começo da criação, Deus já revelou seu chamado à humanidade para servir e dar frutos: "O Senhor Deus colocou o homem no jardim do Éden para cuidar dele e cultivá-lo" (Gênesis 2:15). O homem e a mulher receberam um lar pronto e bem decorado: uma fauna e flora exuberantes. Mas, como toda casa, é preciso fazer a manutenção constante. Seria obrigação da humanidade cuidar daquele jardim e cultivá-lo. A expansão e a prosperidade do jardim estariam doravante nas mãos de seus moradores. Sim, isso significava um chamado ao trabalho. Ao contrário do que muitos pensam, o trabalho não é uma maldição de Deus para os homens, mas uma bênção. Cuidar da criação e zelar por ela era uma forma de servir o Criador. A vocação primordial do ser humano é servir ao Senhor e obedecê-lo. Cuidar do jardim do Éden e cultivá-lo era um serviço que decorria do fato de serem prestadores de serviço de Deus, o verdadeiro dono do Paraíso. Assim, servir a Deus e trabalhar para ele, o Senhor do Universo, deveria ser encarado como uma oportunidade especial para realizar algo muito valorizado. Nas palavras do pastor pentecostal Antonio Gilberto: "Servir ao Senhor não é apenas um dever cristão, é também um grande privilégio."[1]

Adão e Eva, porém, abriram mão desse privilégio. Usaram o livre-arbítrio para desobedecer ao Senhor, e lhe disseram indiretamente: "Não queremos servi-lo e produzir os frutos que o Senhor deseja. Queremos ser senhores de nós mesmos." Já conhecemos o resultado dessa rebelião. A humanidade não se saiu bem ao querer tomar as rédeas da própria vida abrindo mão de servir ao Criador. Depois disso, servir tornou-se um fardo pesado, e os frutos, algo penoso:

> Porquanto deste ouvidos à voz de tua mulher, e comeste da árvore de que te ordenei, dizendo: Não comerás dela, maldita é a terra por causa de ti; com dor comerás dela todos os dias da tua vida. Espinhos, e cardos também, te produzirá; e comerás a erva do campo. No suor do teu rosto comerás o teu pão, até que te tornes à terra; porque dela foste tomado; porquanto és pó e em pó te tornarás. (Gênesis 3:17-19)

Que aprendamos com esse exemplo negativo de nossos primeiros pais e levemos a sério nosso chamado de servir a Deus e cumprir sua vontade. Sobre os mandamentos de Deus, o apóstolo de João disse: "os seus mandamentos não são pesados" (1João 5:3). Mas tudo se torna pesado quando desprezamos "a boa, agradável, e perfeita vontade de Deus" (Romanos 12:20).

A base bíblica para o serviço cristão está nos dois grandes mandamentos: "Amarás o Senhor teu Deus de todo o teu coração, e de toda a tua alma, e de todo o teu pensamento" (Mateus 22:37). Desse mandamento decorre outro serviço igualmente importante: "Amarás o teu próximo como a ti mesmo" (Mateus 22:39). Jesus arremata: "Destes dois mandamentos dependem toda a lei e os profetas" (Mateus 22:40).

---

[1] *A prática do evangelismo pessoal*, cap. 2, 1.3.

Servir a Deus e ao próximo é uma forma de demonstrar nosso amor ao Senhor. O pastor Antonio Gilberto afirmou algo que se encaixa perfeitamente ao que acabamos de dizer: "Temos um Senhor a Quem servimos porque O amamos; e também nos servimos uns aos outros porque nos amamos mutuamente: Servir sem amar é algo insuportável — servir por amor é o maior dos privilégios".[2]

Fomos salvos em Cristo Jesus para servir a Deus e ao nosso próximo. Estamos aqui com uma missão: servir a Deus e produzir frutos espirituais para ele. Não podemos perder de vista essa grande oportunidade, que está alicerçada na vida e no exemplo de Jesus, como veremos a seguir.

JESUS: O GRANDE EXEMPLO DE SERVIÇO A DEUS E AO PRÓXIMO

> Eis aqui o meu *servo*, a quem sustenho, o meu eleito, em quem se apraz a minha alma; pus o meu espírito sobre ele; ele trará justiça aos gentios. (Isaías 42:1)

> Eis que o meu *servo* procederá com prudência; será exaltado, e elevado, e mui sublime. (Isaías 52:13)

Essas palavras proféticas de Isaías se aplicam diretamente a Jesus Cristo. Nas duas passagens bíblicas, o Filho de Deus é descrito como "servo". Isaías é considerado o profeta messiânico por excelência. O próprio Jesus reconhece que Isaías profetizou a respeito dele. Um exemplo claro pode ser visto na seguinte passagem:

> E foi-lhe dado o livro do profeta Isaías; e, quando abriu o livro, achou o lugar em que estava escrito: O Espírito do Senhor é sobre mim, pois que me ungiu para evangelizar os pobres. Enviou-me a curar os

[2] *Fruto do Espírito*, 140.

> quebrantados de coração, a pregar liberdade aos cativos, e restauração da vista aos cegos, a pôr em liberdade os oprimidos, a anunciar o ano aceitável do Senhor. E, cerrando o livro, e tornando-o a dar ao ministro, assentou-se; e os olhos de todos na sinagoga estavam fitos nele. Então começou a dizer-lhes: Hoje se cumpriu esta Escritura em vossos ouvidos. (Lucas 4:17-21).

A passagem bíblica à qual Jesus se referiu é Isaías 61:1-2. Ele foi claro ao dizer que as palavras do profeta do Antigo Testamento era uma referência direta a ele. O próprio Jesus viria a afirmar: "... o Filho do homem não veio para ser servido, mas para servir, e para dar a sua vida em resgate de muitos" (Mateus 20:28).

Ao escrever aos cristãos da igreja de Filipos, o apóstolo Paulo queria lhe ensinar o valor da humildade. Ele começa exortando-os: "Nada façais por contenda ou por vanglória, mas por humildade; cada um considere os outros superiores a si mesmo. Não atente cada um para o que é propriamente seu, mas cada qual também para o que é dos outros" (Filipenses 2:3-4). Em seguida, ele se valerá do exemplo supremo de Jesus para fundamentar essa exortação:

> De sorte que haja em vós o mesmo sentimento que houve também em Cristo Jesus, que, sendo em forma de Deus, não teve por usurpação ser igual a Deus, mas esvaziou-se a si mesmo, tomando a forma de *servo*, fazendo-se semelhante aos homens; e, achado na forma de homem, humilhou-se a si mesmo, sendo obediente até à morte, e morte de cruz. Por isso, também Deus o exaltou soberanamente, e lhe deu um nome que é sobre todo o nome; para que ao nome de Jesus se dobre todo o joelho dos que estão nos céus, e na terra, e debaixo da terra, e toda a língua confesse que Jesus Cristo é o Senhor, para glória de Deus Pai. (Filipenses 2:5-11)

Jesus tornou-se homem sem deixar de ser Deus. "Esvaziar-se" não significa que ele abriu mão de sua divindade, pois Deus jamais poderia deixar de ser aquilo que é desde a eternidade. No Senhor “não há mudança nem sombra de variação” (Tiago 1:17). Assim, uma vez Deus, sempre Deus, como atesta o salmista: “de eternidade a eternidade, tu és Deus” (Salmos 90:2). Como Deus, Jesus poderia, se quisesse, na condição de superior que era, exigir que o servissem e que lhe rendessem o que era devido. Mesmo assim, quando assumiu nossa humanidade, “mas sem pecado” (Hebreus 4:15; leia também 1Pedro 2:22), ele optou pela humildade e por colocar os interesses dos outros adiante dos seus. Quando sofreu e morreu na cruz por nossos pecados, ele revelou exatamente essa atitude altruísta. A conclusão do argumento de Paulo era ao mesmo tempo simples e impactante: se Jesus, que poderia se engrandecer e exigir coisas não o fez, por que nós, que não somos Deus como ele, iríamos agir de forma contrária? E se ele, sendo Deus, Senhor e Mestre, serviu, por que nós, que somos naturalmente servos, iríamos querer ser servidos e nos considerar superiores aos outros? Assim, o exemplo de Jesus põe fim a toda atitude arrogante e soberba, além de ensinar o valor de uma vida que se caracteriza pelo altruísmo, isto é, por um amor desinteressado ao próximo.

Essas palavras de Paulo relembram a passagem do lava-pés (João 13:3-17), que já citamos no capítulo anterior, mas que retomaremos aqui com outros detalhes não explorados. Jesus, mesmo sendo Mestre e Senhor, assumiu a condição do mais humilde dos serviçais e lavou os pés de seus discípulos, deixando todos espantados, e concluiu com estas palavras:

> Ora, se eu, Senhor e Mestre, vos lavei os pés, vós deveis também lavar os pés uns aos outros. Porque eu vos dei o exemplo, para que, como eu vos fiz, façais vós também. Na verdade, na verdade vos digo que não é o servo maior do que o seu senhor, nem o enviado maior do que aquele que o enviou. Se sabeis estas coisas, bem-aventurados sois se as fizerdes (João 13:3-17).

O *Comentário bíblico pentecostal* explana a respeito:

> Era comum haver a lavagem imediatamente antes da refeição. Um discípulo, e não um escravo, teria feito o trabalho, visto que Jesus está só com seus seguidores. Mas parece que eles já tinham se sentado para a refeição. De qualquer modo, temos de considerar o lava-pés como parte importante da refeição inteira. Jesus toma a iniciativa. Ele se levanta, tira a roupa exterior e envolve uma toalha de linho na cintura. A palavra "tirou" é tradução da mesma palavra grega que aparece em João 10:11, onde Jesus "dá" sua vida pelas ovelhas. [...] No versículo 5, Jesus põe água numa bacia e começa a lavar os pés dos discípulos. Este ato mostra a atitude de servo de Jesus e antecipa a entrega de sua vida.[3]

Ao dar a sua vida, Jesus tanto serve ao Pai como serve ao próximo. Tudo está interligado. Como fruto de sua servidão advém a nossa salvação e nossa reconciliação com Deus. Por meio desse gesto maravilhoso e altruísta de Jesus, nós nascemos de novo. O pastor assembleiano Elienai Cabral mostra a aplicação prática dessa verdade em nossa vida: "Todos os que nascem de novo [João 3:3] nascem segundo o supremo propósito divino para viver e servir a Deus."[4] Myer Pearlman, distinto acadêmico pentecostal, em conformidade a esse pensamento exposto por Elienai Cabral, declarou algo que nos deve levar a refletir seriamente:

> Portanto, o título "Senhor", aplicado a Jesus pelos seus seguidores, significa: "Aquele que por sua morte ganhou o lugar de soberania em meu coração, e a quem me sinto compelido a adorar e servir com todas as minhas forças."[5]

Essa ideia de ser "compelido" ou "constrangido" pelo exemplo de Cristo está presente em 2Coríntios 5:14, em que Paulo afirma: "Porque o amor de Cristo nos constrange". O que isso quer dizer? Vejamos

---

[3] P. 574.

[4] *Comentário bíblico Efésios*, cap. 1, seção 3, item 3.4.

[5] *Conhecendo as doutrinas da Bíblia*, p. 154.

a explicação do *Comentário bíblico pentecostal*: "O verbo usado aqui como 'constrange' (*synecho*) descreve o impacto irresistível do amor de Cristo sobre o apóstolo, não lhe deixando nenhuma opção senão servi-lo."[6] Diante desse amor tão grande, nós, seremos humanos perdidos e pecadores, nos sentimos praticamente compelidos ou obrigados pela força impactante e poderosa do ato de Jesus de servi-lo incondicionalmente. Como não serviríamos a quem demonstrou um amor tão sublime e desinteressado? É como se realmente não tivéssemos outra opção a não ser servi-lo e pronto.

Assim, que o amor sacrificial de Jesus por cada um de nós nos constranja positivamente a amar e servir a Deus e ao próximo. Que tenhamos uma vida frutífera de serviço em sinal de pura gratidão por esse amor tão elevado, e que isso se reflita em nossos relacionamentos, tanto na família, como na igreja e na sociedade. É o que veremos a seguir. Acompanhe.

SERVIR A FAMÍLIA

O velho ditado diz que "educação vem de berço". Tudo começa na família. Essa sagrada instituição divina, apesar dos muitos ataques que vem sofrendo por parte de Satanás e do mundo, é tida em alta conta pelo próprio Deus. Ao formar o homem e a mulher, ele os uniu em matrimônio e mandou que se multiplicassem e enchessem a terra. A família começou ali, e nunca mais saiu dos planos de Deus, apesar do pecado de nossos primeiros pais. Quando Deus enviou o dilúvio, ele salvou uma família (Noé, sua esposa, seus três filhos e as respectivas esposas). Ele chamou Abraão, por meio de cujo descendente ele abençoaria "todas as famílias da terra" (Gênesis 12:3), e esse descendente é Cristo. Em Efésios 3:14-15, Paulo diz: "Por causa disto me ponho de joelhos perante o Pai de nosso Senhor Jesus Cristo, do qual toda a família nos céus e na terra toma o nome..."

[6] P. 1095.

A família, portanto, é o local em que devemos, antes de tudo, mostrar que servimos a Deus e é nela em devemos produzir primeiramente frutos. Da família, isso deve se expandir para a igreja e a sociedade. Há quem coloque a igreja na frente da família, mas não é a ordem da Bíblia, o que pode ser visto claramente nesta passagem:

> Esta é uma palavra fiel: se alguém deseja o episcopado, excelente obra deseja. Convém, pois, que o bispo [...] governe bem a sua própria casa, tendo seus filhos em sujeição, com toda a modéstia (porque, se alguém não sabe governar a sua própria casa, terá cuidado da igreja de Deus?) (1Timóteo 3:1-2,4-5).

Antes de cuidar de uma igreja, o candidato a líder deve ser avaliado quanto ao modo em que conduz o seu lar. Assim, seu comportamento em casa será o avalista de seu trabalho na igreja. Será que o candidato ama a esposa como Cristo amou a igreja? Será que ele respeita a esposa como Cristo respeita a igreja? O mesmo se aplica ao cuidado dos filhos que ainda estão sob o seu comando paterno. Enfim, se ele não está apto para ser chefe de família, não estará habilitado para cuidar da igreja de Deus. A esse respeito, eis a observação oportuna do *Comentário bíblico pentecostal*:

> Os bispos devem "governar" bem suas famílias (*proistemi*, um verbo que não sugere severidade), mantendo seus filhos sob submissão com todo o respeito. A razão para este requisito é que o aprendizado da administração da casa prepara a pessoa para administrar bem a casa de Deus. A palavra *proistemi*, usada em relação aos bispos em 5:17 ("governam") e em 1Tessalonicenses 5:12 ("presidem"), implica o exercício de direção e cuidadosa preocupação. O governo e o respeito desempenhados pelo bispo são "a perfeita combinação de dignidade e cortesia, independência e humildade"...[7]

[7] P. 1460.

O saudoso pastor Russell Shedd tem uma valiosa contribuição sobre esse assunto:

> Pais que não exercem autoridade adequada sobre os filhos, pais ausentes ou que não estão cientes de suas responsabilidades, criam filhos com deficiências e carências. O mesmo acontece com pastores que, por passividade, temor ou ignorância da responsabilidade que Deus lhes concedeu, não ensinam, não disciplinam os filhos sob os seus cuidados. Os resultados aparecem em relacionamentos defeituosos nos lares e entre os membros da comunidade. Amadurecimento espiritual deve ser o alvo de todo pai que tem a glória de Deus como seu maior interesse.[8]

O apóstolo Paulo levava essa responsabilidade a sério e associa o seu desempenho ministerial na igreja à atividade de um pai na família:

> Assim como bem sabeis de que modo vos exortávamos e consolávamos e testemunhávamos, a cada um de vós, como o pai a seus filhos; para que vos conduzísseis dignamente para com Deus, que vos chama para o seu reino e glória. (1Tessalonicenses 2:11-12)

> Não escrevo estas coisas para vos envergonhar; mas admoesto-vos como meus filhos amados. Porque ainda que tivésseis dez mil aios em Cristo, não teríeis, contudo, muitos pais; porque eu pelo evangelho vos gerei em Jesus Cristo. Admoesto-vos, portanto, a que sejais meus imitadores. Por esta causa vos mandei Timóteo, que é meu filho amado, e fiel no Senhor, o qual vos lembrará os meus caminhos em Cristo, como por toda a parte ensino em cada igreja. (1Coríntios 4:14-17)

Outra passagem igualmente reveladora sobre a importância de cuidar das necessidades da família, servindo-a de acordo com a vontade de Deus, é 1Timóteo 5:8, em que Paulo declara: "Mas, se alguém não

[8] *Autoridade e poder*, p. 93.

tem cuidado dos seus, e principalmente dos da sua família, negou a fé, e é pior do que o infiel." Esse texto é bastante contundente, a respeito do qual o *Comentário bíblico pentecostal* observa: "Qualquer um que desconsidere esta obrigação de zelar pelas necessidades de sua família é culpado, tendo negado a fé".[9]

O que certamente ajudará o cristão a servir a família segundo a vontade de Deus é aplicar em seus relacionamentos familiares "o fruto do Espírito", que é "amor, gozo, paz, longanimidade, benignidade, bondade, fé, mansidão, temperança" (Gálatas 5:22). A esse respeito, eis o comentário do pastor Antonio Gilberto:

> Servir com amor é uma expressão de bondade, que deveria começar no seio de nossa própria família. O lar é o melhor lugar para o crente exercer o fruto do Espírito. Alguns crentes pensam que é fácil demonstrar bondade para com os de fora, mas em seu próprio lar fracassam, não sendo gentis, nem bondosos. Servir com amor é uma demonstração de frutificação espiritual que podemos demonstrar em relação a nossos próprios familiares.[10]

Que as palavras de Josué 24:15 sejam uma realidade em nossa vida: "eu e a minha casa serviremos ao SENHOR." À luz dessas palavras, eu quero que você tenha esta determinação: *Eu servirei fielmente ao Senhor servindo com amor a minha família, cuidando de suas necessidades físicas, emocionais e espirituais.*

SERVIR A IGREJA

Todo crente em Jesus é inserido na sua igreja, na comunidade dos salvos, pela ação do Espírito Santo de Deus, pois "ninguém pode dizer que Jesus é o Senhor, senão pelo Espírito Santo" (1Coríntios 12:3), que convence o mundo perdido "do pecado, e da justiça e do juízo" (João

---

[9] P. 1474.

[10] *Fruto do Espírito*, 155.

14:8). Assim como acontece numa família, todos são irmanados e têm obrigações a cumprir. Todo crente é chamado para servir o Rei e seu reino, e para isso recebem dons do Espírito Santo. Os estudiosos apontam três listas de dons espirituais apresentadas pelo apóstolo Paulo, cada qual para uma igreja diferente, conforme podemos comparar na tabela a seguir:[11]

Romanos 12:6-8	1Coríntios 12:8-10, 28	Efésios 4:11-12
Profecia	Palavra da sabedoria	Apóstolos
Ministério (serviço)	Palavra da ciência	Profetas
Ensino	Fé	Evangelistas
Exortação	Dons de curar	Pastores
Repartição	Operação de maravilhas	Doutores
Presidência	Profecia	
Misericórdia	Discernir espíritos	
	Variedade de línguas	
	Interpretação das línguas	
	Apóstolos	
	Profetas	
	Doutores	
	Milagres	
	Socorro	
	Governo	

Não trataremos aqui de cada dom das listas apresentadas. Aliás, "a lista de dons é incompleta — de fato, nenhuma lista de dons feita por Paulo é exaustiva".[12] O comentário a seguir esclarece essa questão:

---

[11] O apóstolo Pedro apresenta dois dons: "Se alguém *falar*, fale segundo as palavras de Deus; se alguém *administrar*, administre segundo o poder que Deus dá" (1Pedro 4:11). Parece que "falar" corresponde ao "ministério da palavra", e administrar, ao dom de "presidência" ou "governo".

[12] *Comentário bíblico pentecostal*, p. 894.

> Paulo não define os vários dons em nenhuma das passagens onde ele os alista. Ele presume um entendimento comum por parte da audiência sobre a natureza desses dons, os quais eles teriam recebido por ensino e por observância dos dons em ação. A exceção — isto é, a extensa discussão sobre a natureza de profecia e línguas, em 1Coríntios 14 — não é uma tentativa de apresentar e definir estes dois dons, mas corrigir a percepção dos coríntios e o uso dos dons.[13]

Para um estudo mais aprofundado sobre esses dons, além da apresentação de outros dons espalhados ao longo das Escrituras, consulte o *Comentário bíblico pentecostal*.[14] O que nos interessa neste momento é mostrar que nosso chamado para servir inclui a igreja e que, para isso, Deus nos dotou de dons. Por isso, é importante que tenhamos em mente o seguinte sobre os dons espirituais:

1. "A distribuição dos dons é feita de acordo com a vontade soberana do Espírito."[15] Depois de relacionar diversos dons, o apóstolo Paulo diz: "Mas um só e o mesmo Espírito opera todas estas coisas, repartindo particularmente a cada um como quer" (1Coríntios 12:11). Antes disso, ele havia afirmado: "Ora, há diversidade de dons, mas o Espírito é o mesmo. E há diversidade de ministérios, mas o Senhor é o mesmo. E há diversidade de operações, mas é o mesmo Deus que opera tudo em todos" (1Coríntios 12:4-6). Embora os dons estejam mais relacionados à obra do Espírito Santo, trata-se, em última instância, de uma ação da Trindade; em suma, Deus — Pai, Filho e Espírito Santo — é quem reparte a cada um conforme lhe apraz (Romanos 12:3).

---

[13] *Comentário bíblico pentecostal*, p. 894.
[14] Confira as p. 893-895, 1011-1014, 1017-2020, 1238-1239, 1241-1243.
[15] *Comentário bíblico pentecostal*, p. 1014.

2. Todo crente, sem exceção, recebe do Espírito um ou mais dons espirituais: "Mas a manifestação do Espírito é dada a *cada um*..." (1Coríntios 12:7). "Existe uma sugestão de que cada dom é adequado à pessoa a quem é dado; de certo modo, cada dom é 'personalizado'. Os dons não são distribuídos indiscriminadamente. Além disto, cada crente é recebedor destes dons."[16] A exortação de Pedro é oportuna: "*Cada um* administre aos outros o dom como o recebeu, como bons despenseiros da multiforme graça de Deus" (1Pedro 4:10).
3. "Os dons são dados aos indivíduos não para seu benefício pessoal, mas para o benefício de outros ("para o que for útil" [1Coríntios 12:7]). Uma exceção seria a função de autoedificação das línguas não interpretadas [1Coríntios 14:4]. [...] Os dons são dados *a* indivíduos *por causa da* igreja."[17]
4. "Se você tem um dom, use-o."[18] A Parábola dos Talentos, proferida para advertir os crentes a permanecerem vigilantes, tendo em vista o fato de não sabermos o dia e a hora da volta de Jesus, ensina-nos a necessidade de estarmos ativos na obra do Mestre e frutificarmos (Mateus 25:13-30), o que está em total acordo com 1Coríntios 15:58: "Portanto, meus amados irmãos, sede firmes e constantes, sempre abundantes na obra do Senhor, sabendo que o vosso trabalho não é vão no Senhor."

Além de servir à igreja com nossos dons e talentos, outra forma muito importante e absolutamente necessária em que temos obrigação para com a igreja de Cristo é no tocante aos nossos dízimos e ofertas. Isso está ligado à doutrina da mordomia cristã. O pastor Antonio Gilberto esclarece esse ponto:

[16] *Comentário bíblico pentecostal*, p. 1014.
[17] *Comentário bíblico pentecostal*, p. 1011.
[18] *Comentário bíblico pentecostal*, p. 893.

> Um mordomo é alguém que gerencia os negócios ou as propriedades de outrem. Somos mordomos de Deus e Ele encarregou-nos de fazer o Seu trabalho de acordo com a Sua expressa vontade. Estamos aqui para servi-lo. [...] A fidelidade na mordomia inclui o fato de darmos do nosso tempo, dos nossos talentos e de nossos bens ao Senhor, sabendo que tudo Lhe pertence, e que somos seus administradores. Precisamos ser fiéis ao cuidar dos bens de nosso Senhor, porquanto está escrito: "Se não vos tornastes fiéis na aplicação do alheio, quem vos dará o que é vosso?" [Lucas 16:12].[19]

Jesus disse que o evangelho seria pregado em todo o mundo. Isso pressupõe uma obra gigantesca: seleção, envio, administração e sustento de missionários e obreiros, sem contar os custos com a igreja local, que envolve, biblicamente falando, o sustento da liderança, o que também acontecia na era apostólica. Em 1Coríntios 9, Paulo argumenta longamente com aqueles cristãos sobre seu direito de ser sustentado por eles (embora ele mesmo voluntariamente tivesse aberto mão desse "direito"), mas o fato de ele abrir mão de um legítimo direito não desobrigava os coríntios como mordomos de Deus. O texto é muito claro com relação a tudo isso. Vejamos:

> Não temos nós direito de comer e beber? Não temos nós direito de levar conosco uma esposa crente, como também os demais apóstolos, e os irmãos do Senhor, e Cefas? Ou só eu e Barnabé não temos direito de deixar de trabalhar? Quem jamais milita à sua própria custa? Quem planta a vinha e não come do seu fruto? Ou quem apascenta o gado e não se alimenta do leite do gado? Digo eu isto segundo os homens? Ou não diz a lei também o mesmo? Porque na lei de Moisés está escrito: Não atarás a boca ao boi que trilha o grão. Porventura tem Deus cuidado dos bois? Ou não o diz certamente por nós? Certamente que por nós está escrito; porque o que lavra deve lavrar com esperança e o que debulha

[19] *Fruto do Espírito*, p. 176-177.

> deve debulhar com esperança de ser participante. Se nós vos semeamos as coisas espirituais, será muito que de vós recolhamos as carnais? Se outros participam deste poder sobre vós, por que não, e mais justamente, nós? Mas nós não usamos deste direito; antes suportamos tudo, para não pormos impedimento algum ao evangelho de Cristo. Não sabeis vós que os que administram o que é sagrado comem do que é do templo? E que os que de contínuo estão junto ao altar, participam do altar? Assim ordenou também o Senhor aos que anunciam o evangelho, que vivam do evangelho. (1Coríntios 9:4-14)

Nem todos se dedicam em tempo integral ao evangelho, mas a igreja precisa de obreiros de tempo integral, e é mais do que justo que os sustente. Além disso, igrejas devem ser constituídas juridicamente, o que gera encargos. Embora sejam isentas de recolher Imposto de Renda sobre doações, as igrejas são obrigadas a apresentar anualmente a Declaração de Informações Econômico-Fiscais da Pessoa Jurídica (DIPJ) para a Receita Federal e recolher encargos diversos, além de pagar taxas de iluminação, de limpeza pública, recolher contribuições previdenciárias e pagar encargos trabalhistas dos funcionários etc. Tudo isso demanda dinheiro, e cada membro deve se sentir responsável e privilegiado por poder contribuir. Deus abençoa os crentes com a prosperidade financeira a fim de que sejam generosos e contribuam para a sua obra. Mas isso não quer dizer que apenas os prósperos é que devem entregar seus dízimos e ofertas. Essa é uma obrigação de todos os cristãos, até mesmo daqueles que recebem seu sustento da igreja.

Os que não são fiéis a Deus nesse particular devem ler a Parábola do Homem Rico, que Jesus contou a fim de exortar os discípulos contra a avareza (qualidade de quem é avarento, de quem tem apego excessivo ao dinheiro, e que, por consequência, não pratica a generosidade):

> E disse-lhes: Acautelai-vos e guardai-vos da avareza; porque a vida de qualquer não consiste na abundância do que possui. E propôs-lhe uma parábola, dizendo: A herdade de um homem rico tinha produzido com

> abundância; e arrazoava ele entre si, dizendo: Que farei? Não tenho onde recolher os meus frutos. E disse: Farei isto: Derrubarei os meus celeiros, e edificarei outros maiores, e ali recolherei todas as minhas novidades e os meus bens; e direi a minha alma: Alma, tens em depósito muitos bens para muitos anos; descansa, come, bebe e folga. Mas Deus lhe disse: Louco! esta noite te pedirão a tua alma; e o que tens preparado, para quem será? Assim é aquele que para si ajunta tesouros, e não é rico para com Deus. (Lucas 12:15-21)

Ao explicar essa parábola, o *Comentário bíblico pentecostal* mostra a atitude errada do rico para com as riquezas e aponta um de seus erros grosseiros:

> Ele nunca viu senão a si mesmo. Note o uso frequente de "eu" (oculto) e "meu" (e semelhantes): "[Eu] farei isto: [eu] derribarei os meus celeiros, e [eu] edificarei outros maiores, e ali [eu] recolherei todas as minhas novidades e os meus bens; e [eu] direi à minha alma..." [...]. Profundamente incrustado nele está o egoísmo. Ele ganhou dinheiro e pretendia gastá-lo consigo mesmo. Ele não mostra interesse nos outros e não tem senso de mordomia.[20]

O crente que desconsidera seu papel de mordomo e não entrega a Deus seus dízimos e ofertas está mostrando realmente onde está seu coração: "Porque, onde estiver o vosso tesouro, ali estará também o vosso coração" (Lucas 12:34). O mandamento de Malaquias 3:10 e a promessa dele decorrente ainda é válido para o povo de Deus:

> Trazei todos os dízimos à casa do tesouro, para que haja mantimento na minha casa, e depois fazei prova de mim nisto, diz o SENHOR dos Exércitos, se eu não vos abrir as janelas do céu, e não derramar sobre vós uma bênção tal até que não haja lugar suficiente para a recolherdes (Malaquias 3:10).

---

[20] P. 402.

Recorrer à velha desculpa de que o dízimo é coisa da abolida Lei de Moisés só para não cumprir seu papel de mordomo é, no mínimo, um atentado à Palavra de Deus, que mostra que o dízimo é *anterior* à Lei de Moisés e à tribo sacerdotal de Levi. O próprio Abraão, o "pai de todos os que creem" (Romanos 4:11), muito antes da promulgação da Lei deu "o dízimo de tudo" a Melquisedeque, "sacerdote do Deus Altíssimo" (Gênesis 14:18, 20). Esse fato é reportado em Hebreus 7:1-9:

> Porque este Melquisedeque, que era rei de Salém, sacerdote do Deus Altíssimo, e que saiu ao encontro de Abraão quando ele regressava da matança dos reis, e o abençoou; a quem também Abraão deu o dízimo de tudo, e primeiramente é, por interpretação, rei de justiça, e depois também rei de Salém, que é rei de paz; sem pai, sem mãe, sem genealogia, não tendo princípio de dias nem fim de vida, mas sendo feito semelhante ao Filho de Deus, permanece sacerdote para sempre. Considerai, pois, quão grande era este, a quem até o patriarca Abraão deu os dízimos dos despojos. E os que dentre os filhos de Levi recebem o sacerdócio têm ordem, segundo a lei, de tomar o dízimo do povo, isto é, de seus irmãos, ainda que tenham saído dos lombos de Abraão. Mas aquele, cuja genealogia não é contada entre eles, tomou dízimos de Abraão, e abençoou o que tinha as promessas. Ora, sem contradição alguma, o menor é abençoado pelo maior. E aqui certamente tomam dízimos homens que morrem; ali, porém, aquele de quem se testifica que vive. E, por assim dizer, por meio de Abraão, até Levi, que recebe dízimos, pagou dízimos.

O autor mostra que Jesus é sacerdote à semelhança de Melquisedeque, uma tipologia de Jesus, e que Melquisedeque era maior que Levi e seus descendentes, visto que esse sacerdote abençoou a Abraão e, por extensão, a Levi. Logo, quem abençoa é maior que o abençoado. Se Abraão e, por extensão, Levi, deram dízimos a Melquisedeque, por que o Melquisedeque Maior, Jesus, que edificou sua igreja, designou apóstolos, profetas, evangelistas, pastores e doutores (mestres) e incumbiu seu povo de uma grande obra mundial de pregação de sua mensagem, que envolveria ensino, batismo e ajuntamento de crentes, dispensaria o dízimo para a manutenção de toda essa obra grandiosa? Sinceramente, isso não faz o menor sentido. Os judeus já estavam habituados com o sistema do dízimo. Jesus mostra isso ao dizer aos fariseus: "Mas ai de vós, fariseus, que dizimais a hortelã, e a arruda, e toda a hortaliça, e desprezais o juízo e o amor de Deus. *Importava fazer estas coisas* [dar o dízimo], *e não deixar as outras* [o juízo e o amor de Deus]" (Lucas 11:42). "Jesus não quer que os fariseus negligenciem o dízimo. No que lhe diz respeito, eles devem dar o dízimo, mas sem negligenciar os outros grandes mandamentos de Deus — notavelmente, a justiça para com as pessoas e amor a Deus."[21] Era natural que a igreja, composta inicialmente por judeus, recorresse a um expediente legítimo e bíblico para a manutenção de suas despesas e necessidades materiais. Quem quiser ser infiel a esse respeito, que responda por isso diante de Deus, mas que não diga que o dízimo é uma prática antibíblica, pois não o é. É legítima e está fortemente embasada nas Escrituras. Portanto, seja fiel na mordomia cristã e continue a dizimar.

Para lhe dar mais algumas razões, transcrevo abaixo (com a devida autorização do pastor Aldo Menezes) o texto que ele escreveu em um boletim de sua igreja:

> POR QUE SOU DIZIMISTA
>
> - Porque acredito naquilo que digo todo domingo, e não o digo da boca para fora e com demagogia: "Tudo vem de ti, Senhor; tudo te pertence: a minha vida, os meus dons e os meus recursos financeiros, e daquilo que é teu, nós te damos". Deus é dono de tudo e tudo vem das mãos dele (leia 1Crônicas 29:14; Salmos 24:1).
> - Porque prezo as coisas sagradas: o local onde cultuo a Deus, onde estudo a Bíblia e onde sou abençoado com a ministração da sua Palavra; e não é possível manter tudo isso sem a minha generosidade e contribuição.

[21] *Comentário bíblico pentecostal*, p. 397.

- Porque quero ser participante do privilégio de contribuir com a expansão do Reino de Deus, como foi desejo de Jesus, e o dinheiro é parte desse processo (Mateus 28:19-20).
- Porque há mais felicidade em dar do que receber (Atos 20:35).
- Porque Deus ama ao que dá com alegria (2Coríntios 9:7).
- Porque não sou avarento (1Timóteo 6:10); não tenho medo de abrir mão de parte do que tenho para beneficiar a obra de Deus, que inclui a igreja que frequento.
- Porque meu rico tesouro está nos céus, e demonstro com minha contribuição que não estou ferrenhamente apegado ao dinheiro; ele não é meu dono, mas meu servo (Mateus 6:19-21).
- Porque o sustento da igreja também é minha responsabilidade, assim como era responsabilidade dos israelitas sustentar o serviço do Templo de Deus (Malaquias 3:10).
- Porque creio que Deus supre e continuará a suprir minhas necessidades. Contribuir é sinal desse reconhecimento (Filipenses 4:19).
- Porque sou um cristão responsável e cumpridor de meus deveres espirituais.

Além de servir a Deus na família e na igreja, há outra dimensão igualmente importante e necessária: a sociedade, como veremos a seguir.

SERVIR A SOCIEDADE

> E não nos cansemos de fazer bem, porque a seu tempo ceifaremos, se não houvermos desfalecido. Então, enquanto temos tempo, façamos bem a todos, mas principalmente aos domésticos da fé. (Gálatas 6:9-10)

"Façamos o bem a todos." Essa frase é importante, e não pode ser minimizada a sentença seguinte — "principalmente aos domésticos da fé". A primazia dos domésticos não invalida nossa vocação de servir a sociedade em geral. Ao nos tornarmos cidadãos do céu, isso não quer dizer que deixamos de ser cidadãos deste mundo e que, consequentemente, deixaremos de trabalhar para melhorar o meio em que vivemos. O acadêmico pentecostal Myer Pearman destaca isso com maestria:

> [...] os que pregam o Evangelho integral devem, como Paulo, mostrar-se bons cidadãos e vizinhos. Paulo deu grande valor à sua cidadania: "Cidadão de Tarso, cidade não pouco célebre na Cilícia..." [Atos 21:39] e mais de uma vez reclamou os direitos que tinha como cidadão romano. As obrigações do bom cidadão são declaradas por Paulo em [Romanos 13:1-7]. É dever do cristão servir ao Estado em tudo quanto é consistente com sua consciência cristã.[22]

Nessa mesma linha de raciocínio, o pastor Russell Shedd, teólogo que tanto inspirou a igreja brasileira, declarou:

> As boas obras que a igreja, como feitura de Cristo, precisa produzir, são a atuação de Cristo, através de nossos corpos, de nossas mentes, no mundo perdido. É a atuação de alguém que dá testemunho de Cristo como, por exemplo, a atuação do médico, não interessado no dinheiro, mas que por verdadeiro amor a Cristo, cuida de um pobre. As boas obras são sempre algo impulsionado e motivado pelo amor de Cristo. E agora é hora de abrirmos nossa mente, como nunca antes em nossa vida, às possibilidades das boas obras, para que sejamos, aqui no Brasil e nos outros países onde brasileiros venham a servir, a mais linda descrição da obra de Deus na sua feitura em Cristo.[23]

A sociedade precisa olhar para a igreja com bons olhos e enxergar uma comunidade interessada em seu bem-estar, tanto espiritual quanto material. Nós somos os braços de Jesus que acolhe o necessitado e o atende em suas necessidades. O serviço cristão de assistência social, por exemplo, não pode estar limitado aos "domésticos da fé". Jesus não disse que seríamos "sal" e "luz" da igreja ou dos "domésticos da fé", mas "sal *da terra*" e "luz *do mundo*" (Mateus 5:13-14). Nosso trabalho vai além dos muros da igreja. A passagem de Mateus 5:43-48 deve nos levar a pensar em nossa vocação na sociedade:

---

[22] *Atos: e a igreja se fez missões*, p. 225.
[23] *Epístolas da Prisão*, p. 39.

> Ouvistes que foi dito: Amarás o teu próximo, e odiarás o teu inimigo. Eu, porém, vos digo: Amai a vossos inimigos, bendizei os que vos maldizem, fazei bem aos que vos odeiam, e orai pelos que vos maltratam e vos perseguem; para que sejais filhos do vosso Pai que está nos céus; porque faz que o seu sol se levante sobre maus e bons, e a chuva desça sobre justos e injustos. Pois, se amardes os que vos amam, que galardão tereis? Não fazem os publicanos também o mesmo? E, se saudardes unicamente os vossos irmãos, que fazeis de mais? Não fazem os publicanos também assim? Sede vós pois perfeitos, como é perfeito o vosso Pai que está nos céus. (Mateus 5:43-48)

O crente pode, a exemplo de José do Egito, Daniel, Sadraque, Mesaque e Abdenego, ser fiel a Deus mesmo em um ambiente contrário à vontade de Deus e ainda assim dar um testemunho da fé no verdadeiro Deus, como todos eles fizeram, sem jamais abrir mão de suas fortes convicções ou de sua fé. Na Oração Sacerdotal, Jesus rogou ao Pai:

> Não peço que os tires do mundo, mas que os livres do mal. Não são do mundo, como eu do mundo não sou. Santifica-os na tua verdade; a tua palavra é a verdade. Assim como tu me enviaste ao mundo, também eu os enviei ao mundo. E por eles me santifico a mim mesmo, para que também eles sejam santificados na verdade. (João 17:15-19).

Estamos inseridos no mundo. Não somos extraterrestres. Uma vez estando aqui, só precisamos nos manter fiéis à verdade e nela sermos santificados. O mal está no mundo, mas podemos lutar contra o mal e as injustiças e fazer do mundo um lugar melhor para se viver. O pastor Antonio Gilberto tem uma palavra interessante a esse respeito:

> [...] o Espírito Santo cria em nós a gentileza e a bondade, ajudando-nos a servir aos nossos semelhantes, impulsionados pelo amor de Jesus. O que este mundo precisa é de Jesus — e isso significa mais amor, mais gentileza, mais bondade, mais ternura, mais generosidade.[24]

---

[24] *Fruto do Espírito*, 137-138.

Que Atos 2:47 se cumpra em nosso viver em sociedade: enquanto louvamos a Deus com nossa vida, nossos dons e talentos, que caiamos "na graça de todo o povo", e, em consequência disso, que o Senhor acrescente "à igreja aqueles que se [hão] de salvar". Não podemos nos cansar de "fazer o bem", seja na família, seja na igreja, seja na sociedade.

NASCIDO PARA MANDAR. CHAMADO PARA SERVIR

Quero terminar este capítulo com um breve testemunho. Eu levo o nome do meu pai, que, por sua vez, o herdou do meu avô, Clementino Pereira de Matos, descrito como um homem de aparência austera, de barba longa — à moda Dom Pedro II, a quem chegou a conhecer e com quem tirou uma foto para a posteridade —, olhar sisudo, alto e corpulento. Meu avô, agropecuarista e garimpeiro, era um coronel, um homem nascido para mandar e ser servido. Ele tinha uns 100 homens, ou melhor dizendo, capangas, a seu serviço. O coronelismo foi uma prática de natureza político-social, própria do meio rural e das pequenas cidades do interior, como era o caso da minha Brotas de Macaúbas, na Chapada Diamantina, Bahia. Essa prática prosperou durante a Primeira República, que foi de 1889 a 1930, mas que se estendeu muito além desse período, sobretudo em regiões mais afastadas. Esses opulentos produtores rurais mandavam e desmandavam na sua região, controlavam os meios de produção, dominavam o poder econômico, social e político local. O sonho do meu avô era que seus descendentes o sucedessem na condição de coronel, que tivessem uma posição de destaque e continuassem o seu legado de mandatário naquelas paragens. O problema é quando esse espírito atinge pessoas dentro da igreja, o que não é muito difícil de acontecer. Isso me lembra a história de uma mãe e seus dois filhos, registrada no Evangelho de Mateus:

> Então se aproximou dele a mãe dos filhos de Zebedeu, com seus filhos, adorando-o, e fazendo-lhe um pedido. E ele diz-lhe: Que queres? Ela

> respondeu: Dize que estes meus dois filhos se assentem, um à tua direita e outro à tua esquerda, no teu reino. (Mateus 20:20-21)

Coisa de mãe, talvez você pense. Pode ser. Mas de avô também. Salomé, a mulher de Zebedeu, queria uma posição de destaque no reino do Messias para seus dois filhos, Tiago e João, apóstolos de Jesus. Como se não bastasse a posição que tinham na condição de apóstolos de Jesus, tanto ela quanto eles queriam ainda mais. Esse espírito de sede de poder é algo antigo que acompanha o ser humano. Veja o que Jesus lhe respondeu, tanto à mãe quanto aos filhos: "Não sabeis o que pedis" (Mateus 20:22). Jesus então lhes garantiu que eles receberiam algo, mas não exatamente o que estavam pleiteando:

> Podeis vós beber o cálice que eu hei de beber, e ser batizados com o batismo com que eu sou batizado? Dizem-lhe eles: Podemos. E diz-lhes ele: Na verdade bebereis o meu cálice e sereis batizados com o batismo com que eu sou batizado...

Jesus falava de sofrimento e morte, e disse que eles partilhariam também desse destino. Talvez não fosse o que quisessem ouvir, mas era o que precisavam saber. Jesus então completa: "... mas o assentar-se à minha direita ou à minha esquerda não me pertence dá-lo, mas é para aqueles para quem meu Pai o tem preparado. (Mateus 20:22-23).

Essa atitude dos discípulos e sua mãe trouxe revolta aos demais apóstolos: "E, quando os dez ouviram isto, indignaram-se contra os dois irmãos" (Mateus 20:24). Ora, eles também queriam um lugar de destaque. Nenhum deles queria ficar para trás ou ter uma posição inferior no reino do Messias. Para acabar com essas pretensões indevidas, Jesus, chamando-os para junto de si, disse:

> Bem sabeis que pelos príncipes dos gentios são estes dominados, e que os grandes exercem autoridade sobre eles. Não será assim entre vós; mas todo aquele que quiser entre vós fazer-se grande seja vosso serviçal;

> e, qualquer que entre vós quiser ser o primeiro, seja vosso servo; bem como o Filho do homem não veio para ser servido, mas para servir, e para dar a sua vida em resgate de muitos. (Mateus 20:20-28)

O reino do Messias não é lugar para coronéis, mas para servos. Felizmente, minha mãe, que não tinha o espírito de Salomé, sempre fez de tudo para que me mantivesse longe do jogo do poder e do espírito do coronelismo da minha família paterna. Hoje sei que era Deus agindo já naquela época para estabelecer o plano que ele já tinha para minha vida. Se dependesse dos planos do meu avô para seus descendentes, eu teria nascido para mandar, assim como ele; no entanto, minha vida é do meu Mestre, e aprouve a Deus me chamar para servi-lo, servir à minha família, servir à sua igreja e servir à sociedade. O chamado para servir exige certos sacrifícios, e quando o fazemos para Deus, ele certamente nos honra.

Como crentes em Jesus, temos de perseverar na prática do bem e no serviço do Mestre. Não podemos permitir que o espírito do mundo nos afaste do que Deus planejou para nós. O chamado à perseverança deve nos motivar a continuar a lutar em prol da vida para a qual Deus nos chamou para dela desfrutar. É o que veremos no próximo capítulo.

8

CHAMADOS PARA PERSEVERAR

Irmãos, quanto a mim, não julgo que o haja alcançado; mas uma coisa faço, e é que, esquecendo-me das coisas que atrás ficam, e avançando para as que estão diante de mim, prossigo para o alvo, pelo prêmio da soberana vocação de Deus em Cristo Jesus. (Filipenses 3:13-14)

E, por se multiplicar a iniquidade, o amor de muitos esfriará. Mas aquele que perseverar até ao fim, esse será salvo. (Mateus 24:12-13)

Nós, porém, não somos daqueles que se retiram para a perdição, mas daqueles que creem para a conservação da alma. (Hebreus 10:39)

"No mundo tereis aflições" (João 16:33). Eis uma realidade presente na vida do cristão. As aflições assumem diversas facetas, desde problemas familiares até questões pessoais, como pecados entranhados na alma. Felizmente, João 16:33 termina com uma palavra de encorajamento: "mas tende bom ânimo, eu venci o mundo." Com essas palavras Jesus mostrou a realidade das aflições na vida do cristão, mas também ministrou uma palavra de consolo. "No meio do fracasso e pecado, o crente tem bom ânimo ao saber que tem um Defensor para com o Pai, Jesus Cristo, o Justo e Fiel"[1] (leia 1João 2:1-2). O fato de haver tantas passagens bíblicas instando os cristãos a perseverar é uma prova de que Deus sabe quão grande é a luta, e ele vela por nós e também nos fortalece. Como é bom saber que há esperança em meio a tantas lutas em nossa jornada com Cristo! Como é maravilhoso saber que não estamos sozinhos nessa caminhada rumo à pátria celestial! É o que veremos daqui em diante.

A NECESSIDADE DE PERSEVERANÇA NA FÉ

Perseverar nada mais é do que continuar firmemente na vida de fé e obediência até a volta de Jesus. O pastor pentecostal e escritor Claudionor Corrêa de Andrade afirma que perseverança tem a ver com "constância, tenacidade, firmeza, paciência", e acrescenta:

> Juntamente com a esperança, a fé e o amor, a perseverança é a mais importante das virtudes escatológicas. Através dela, o crente é levado a permanecer firme até o advento de Cristo Jesus: "E sereis odiados de todos por causa do meu nome, mas aquele que perseverar até o fim, esse será salvo" [Mateus 10:22].
>
> No Novo Testamento, a perseverança faz-se acompanhar de uma promessa: a bem-aventurança eterna. É a recompensa que o filho de Deus receberá por haver suportado todas as aflições e agruras por amor à vinda de Cristo.
>
> Nessa esperança, perseveramos até que o Senhor da glória apareça para conduzir-nos às mansões celestes.[2]

Por que é tão importante estarmos atentos a essa exortação? Porque a possibilidade de esfriamento da fé por parte do crente é uma realidade concreta. Antes de Jesus exortar à perseverança — "Mas aquele que perseverar até ao fim, esse será salvo" (Mateus 24:13) —,

---

[1] *Comentário bíblico pentecostal*, p. 592.

[2] *Dicionário de escatologia bíblica*, p. 126.

ele disse: "E, por se multiplicar a iniquidade, o amor de muitos esfriará". Jesus não falou do amor "de *alguns*", mas "de *muitos*", o que já é, por si só, um elemento de alerta e preocupação. Se alguém disser que Jesus estava se referindo a pessoas descrentes disfarçados de crentes ou a crentes de imitação, por que ele diria que "o amor" dessas pessoas se esfriaria? Ora, quem não é crente não tem realmente amor para ser esfriado. Essa frase, então, só faz sentido para quem é realmente crente em Jesus. Quando o Senhor se dirigiu à igreja de Éfeso, ele disse: "Tenho, porém, contra ti que deixaste o teu primeiro *amor*" (Apocalipse 2:4). Por isso, ele os adverte: "Lembra-te, pois, de onde caíste, e arrepende-te, e pratica as primeiras obras; quando não, brevemente a ti virei, e tirarei do seu lugar o teu castiçal, se não te arrependeres" (Apocalipse 2:5). Para a igreja de Filadélfia, ele disse: "Eis que venho sem demora; guarda o que tens, para que ninguém tome a tua coroa" (Apocalipse 3:11). Temos de perseverar em manter o primeiro amor e guardar o que temos, incluindo a "fé que uma vez foi dada aos santos" (Judas 1:3). Esse esfriamento é um pecado, uma queda, tanto é assim que a igreja de Éfeso é exortada a se arrepender, com a advertência de poder desaparecer, isto é, ter o castiçal retirado, em caso de não arrependimento. Jesus não estava brincando de advertir. Tudo isso é real, e só faz sentido se a queda ou o esfriamento for uma realidade concreta a ser evitada a todo custo na vida do crente.

Há muitas outras advertências igualmente severas para o povo de Deus, a igreja, quanto a essa questão. Vejamos alguns exemplos extraídos do Novo Testamento (preste atenção nas expressões destacadas):

> Assim será no dia em que o Filho do homem se há de manifestar. Naquele dia, [...] o que estiver no campo *não volte para trás*. Lembrai-vos da mulher de Ló. Qualquer que procurar salvar a sua vida, *perdê-la-á*, e qualquer que a perder, salvá-la-á. (Lucas 17:30-33)

> Se alguém não estiver em mim, *será lançado fora*, como a vara, e *secará*; e os colhem e lançam no fogo, e ardem. (João 15:6)

> Este mandamento te dou, meu filho Timóteo, que, segundo as profecias que houve acerca de ti, milites por elas boa milícia; conservando a fé, e a boa consciência, a qual *alguns, rejeitando, fizeram naufrágio na fé*. E entre esses foram Himeneu e Alexandre, os quais entreguei a Satanás, para que aprendam a não blasfemar. (1Timóteo 1:18-20)

> Mas o Espírito expressamente diz que nos últimos tempos *apostatarão alguns da fé*, dando ouvidos a espíritos enganadores, e a doutrinas de demônios (1Timóteo 4:1).

> Palavra fiel é esta: que, se morrermos com ele, também com ele viveremos; se sofrermos, também com ele reinaremos; *se o negarmos, também ele nos negará*; se formos infiéis, ele permanece fiel; não pode negar-se a si mesmo. (2Timóteo 2:11-13)

> Mas o justo viverá pela fé; *e, se ele recuar, a minha alma não tem prazer nele*. Nós, porém, não somos daqueles que se retiram para a perdição, mas daqueles que creem para a conservação da alma. (Hebreus 10:38-39)

Outra advertência contundente e bastante incisiva encontra-se em 2Pedro 2:1-2, 20-22:

> E também houve entre o povo falsos profetas, como entre vós haverá também falsos doutores, que introduzirão encobertamente heresias de perdição, e *negarão o Senhor que os resgatou*, trazendo sobre si mesmos repentina perdição. E *muitos seguirão as suas dissoluções*, pelos quais será blasfemado o caminho da verdade. [...] Porquanto *se, depois de terem escapado das corrupções do mundo, pelo conhecimento do Senhor e Salvador Jesus Cristo, forem outra vez envolvidos nelas e vencidos, tornou-se-lhes o último estado pior do que o primeiro*. Porque melhor lhes fora não conhecerem o caminho da justiça, do que, conhecendo-o, *desviarem-se do santo mandamento que lhes fora dado*; deste modo sobreveio-lhes o que por um verdadeiro provérbio se diz: O cão voltou ao seu próprio vômito, e a porca lavada ao espojadouro de lama.

Não é fácil ser cristão quando temos de lutar constantemente contra o mundo que nos rodeia, a carne — ou natureza pecaminosa — que habita em nós e contra o Diabo, o adversário que tenta dia e noite nos tragar (1Pedro 5:8). O tempo todo esses inimigos tentam nos empurrar para longe de Deus e de seus chamados. Eles querem que desistamos de crer em Deus e de adorá-lo, que não nos arrependamos de nossos pecados, que vivamos sem santificação, que não oremos nem testemunhemos, muitos menos que sirvamos a Deus e produzamos frutos para sua honra e glória. Por isso, nós precisamos de tempos em tempos de palavras de exortação e encorajamento para que nos mantenhamos fiéis a Deus e aos chamados dele, sobretudo em meio às muitas provações e aflições pelas quais passamos ou venhamos a passar, quer sejam provenientes do mundo, da nossa natureza pecaminosa ou do Diabo.

Essa é uma luta que vem sendo tratada pelo povo de Deus há bastante tempo. Um grupo em especial viveu na pele a possibilidade de deixar Jesus e voltar para seu antigo estilo de vida; eles estavam perdendo de vista o chamado à perseverança diante das muitas tribulações que foram minando sua confiança no amor e no poder de Deus — estamos falando daqueles a quem foi dirigida a Epístola aos Hebreus. Vamos dar uma olhada rápida nessa epístola e ver o que afligiu esses irmãos e então extrair algumas lições importantes para que mantenhamos os chamados de Deus em nossa vida (o chamado à perseverança e a base para a sustentação dos demais). Depois disso, faremos uma exposição de Efésios 6 e da armadura espiritual tão necessária para combatermos "o bom combate", acabarmos bem "a carreira" cristã e guardarmos "a fé" (2Timóteo 4:7).

LUTANDO PELA FÉ E PERSEVERANDO ATÉ O FIM

> Mas o justo viverá pela fé; e, se ele recuar, a minha alma não tem prazer nele. Nós, porém, não somos daqueles que se retiram para a perdição, mas daqueles que creem para a conservação da alma. (Hebreus 10:38-39)

Essas palavras foram dirigidas a cristãos, a pessoas que foram salvas por Jesus, que foram iluminadas, que provaram o dom celestial, que foram feitas participantes do Espírito Santo, provaram a boa palavra de Deus e as virtudes do século futuro (Hebreus 6:4-5), sim, a essas pessoas foi dito: "se ele [o justo] recuar, a minha alma não tem prazer nele". Quem eram esses justos que estavam a ponto de perder a sua condição tão privilegiada em Cristo Jesus? O que os estava levando a essa situação calamitosa? Vejamos.

Os destinatários da epístola são identificados tradicionalmente no título: *Hebreus.* Eles são judeus que se converteram à fé em Jesus, o Messias predito pelos profetas e que Israel tanto aguardava. Mas não eram judeus que viviam em Jerusalém, mas no mundo romano, como afirma o *Comentário bíblico pentecostal.*[3]

Embora saibamos com mais certeza quem são os destinatários da epístola, até hoje, porém, ninguém sabe quem foi o autor humano que o Espírito Santo usou para escrever essa carta. Quando João Ferreira de Almeida traduziu o Novo Testamento, ele pôs o título "Epístola do Apóstolo Paulo aos Hebreus", pois era comum na sua época a crença de que o apóstolo Paulo havia sido o autor, e ainda aparece assim em algumas versões, como a Almeida Corrida e Fiel, da Sociedade Bíblica Trinitariana do Brasil, o texto bíblico padrão usado neste livro. O escritor pentecostal e estudioso da Bíblia Myer Pearlman declara:

> Não há outro livro do Novo Testamento cuja autoria seja mais disputada, nem cuja inspiração seja mais incontestável. O próprio livro é anônimo. Por causa da diferença de estilo, comparado com os outros escritos de Paulo, muitos eruditos ortodoxos negam que fosse ele quem o escreveu. Tertuliano, no terceiro século, declarou que Barnabé foi o autor. Lutero sugeriu que fosse Apolo.[4]

---

3 P. 1530.

4 *Através da Bíblia livro por livro*, p. 392.

O interessante é que todos os nomes mencionados são do círculo de amigos de Paulo. Barnabé, primo do evangelista Marcos, levou Paulo aos apóstolos (Atos 9:26-27) e foi seu companheiro na primeira viagem missionária (Atos 13:4—14:28); Lucas, o médico amado (Colossenses 4:14), foi colaborador de Paulo e registou suas atividades missionárias (Filemom 24; Atos 16:10; 2Timóteo 4:11); e Apolo, um fervoroso e eloquente pregador do Evangelho que havia sido instruído por Áquila e Priscila no caminho de Deus, foi recomendado por Paulo aos coríntios e a Tito (1Coríntios 16:12; Tito 3:13). Por isso, alguns estudiosos acreditam que mesmo não tendo sido Paulo o autor, pelos menos foi alguém fortemente influenciado por ele. Myer Pearlman faz uma citação que confirma esse ponto de vista:

> Finalmente, podemos dizer que, apesar das dúvidas mencionadas, não é necessário termos escrúpulos em falar desta parte da Escritura como a Epístola de Paulo, o apóstolo dos Hebreus. Quer fosse escrita por Barnabé, por Lucas, por Clemente ou por Apolo, ela representa as ideias e está impregnada pela influência do grande apóstolo, cujos discípulos podem até ser chamados os maiores homens apostólicos. Por meio dos escritos deles, não menos que pelos seus, próprios, Paulo, embora morto, ainda fala.[5]

A verdade incontestável é que o Espírito Santo inspirou o escritor humano, seja ele quem for, a registrar as palavras dessa epístola, que tem "um valor permanente e uma aplicação contínua para todos os crentes em todas as épocas".[6]

O fato que mais nos interessa neste capítulo é saber que aqueles judeus convertidos à fé cristã estavam enfrentando sérios problemas para perseverarem na fé. A epístola foi escrita como uma exortação, como se lê em Hebreus 13:22 — "Rogo-vos, porém, irmãos, que suporteis

---

[5] *Através da Bíblia livro por livro*, p. 392.

[6] Myer PEARLMAN, *Através da Bíblia livro por livro*, p. 391.

a palavra desta *exortação*; porque abreviadamente vos escrevi." Myer Pearlman esclarece o contexto da exortação:

> A leitura da epístola revelará o fato de que a maior parte dos hebreus cristãos, ao qual se dirige o autor, estava em perigo de afastar-se da fé. Comparado com a nação inteira, era um pequeno grupo de pouca importância, considerado pelos seus patrícios como traidores e objetos da sua suspeita e ódio. Sentiam a sua isolação, separados do resto da nação. Uma grande perseguição ameaçava-os. Oprimidos pelas tribulações presentes e pelo pensamento de adversidades futuras, cederam ao desânimo. Eles ficavam atrás no progresso espiritual (5:11-14); muitos estavam negligenciando o culto (10:24, 25); muitos, cansados de andar pela fé, estavam olhando para o magnífico templo de Jerusalém, com os seus sacrifícios e ritos imponentes. Havia a tentação de abandonar o cristianismo e voltar ao judaísmo. Para impedir esta apostasia, foi escrita esta epístola [...] Estes crentes estavam perplexos e desanimados pelas múltiplas tentações e pelo fato de terem que andar pela fé, no meio de adversidades, pela mera Palavra de Deus, sem nenhum apoio e consolo visíveis.[7]

O perigo de abandonarem a fé era real. As exortações seriam de faz-de-conta se isso não fosse possível. A fim de evitar que retornassem ao judaísmo com seus rituais de sacrifícios, que se tornaram desnecessários pelo sacrifício de Jesus na cruz, e à salvação pelas obras por meio da guarda da Lei de Moisés, que Jesus também aboliu como meio de salvação, o autor mostra que Jesus é superior a tudo e a todos:

- Ele, sendo o resplendor da glória de Deus e a expressa imagem de Deus, é superior aos profetas do Antigo Testamento (1:1-3).
- Ele é superior aos anjos (1:4—2:18).
- Ele é superior a Moisés (3:1-6).
- Ele, como sumo sacerdote, é superior aos sacerdotes israelitas (caps. 5, 7 e 8).

---

[7] *Através da Bíblia livro por livro*, p. 391.

- A nova aliança de Jesus é superior à antiga aliança da Lei (cap. 9).
- O sacrifício de Jesus é superior aos sacrifícios judaicos (cap. 10).

Ora, por que eles deveriam voltar a um sistema inferior e obsoleto, se eles já tinham Jesus, que é superior a tudo o que o judaísmo tinha a oferecer? Os dez primeiros capítulos da Epístola aos Hebreus reforçam a superioridade de Jesus, mostrando o que eles perderiam caso retrocedessem. Perder Jesus é perder o favor de Deus. Deixar Jesus seria abandonar a nova aliança que Deus estabeleceu com a humanidade. Abandonar Jesus seria voltar a ser escravo do pecado e, o que é pior, sem condições de remi-lo, pois o sangue de animais não pode fazer o que fez o sangue de Jesus vertido no Calvário. Valeria a pena retroceder e apostatar da fé? Realmente, eles não estavam pensando razoavelmente a respeito das implicações de suas ações. O problema é que a perseguição e as aflições fazem as pessoas perderem de vista o que é melhor e superior da parte de Deus para elas. Muitos só pensam no momento, no presente, e não no futuro. Acabam se esquecendo de tudo o que já receberam de Deus, e acham que podem viver a própria vida longe dele e de sua vontade.

Para reforçar o ponto de que eles não estavam sozinhos nesta luta árdua pela fé, o autor mostra no capítulo 11 a história de seus antepassados — Abraão, Sara, Jacó, Moisés, Josué, Raabe, os juízes, os profetas, Davi, entre tantos outros. Heróis e heroínas que, pela fé, enfrentaram o mundo e seus perigos, mas não abdicaram do Deus vivo e verdadeiro. Enfrentaram exércitos poderosos, animais selvagens, foram torturados, experimentaram escárnios, açoites, cadeias e prisões, foram apedrejados, serrados, tentados, mortos ao fio da espada, passaram necessidades e sofreram maus-tratos, entre tantas outras adversidades que fariam qualquer um fraquejar. Mesmo com tudo isso, permaneceram firmes e irredutíveis até o fim. Mantiveram-se fiéis a Deus e conservaram a fé apesar de todas as desventuras pelas quais passaram na vida. Por isso, o capítulo 12 começa com estas palavras:

> Portanto nós também, pois que estamos rodeados de uma tão grande nuvem de testemunhas, deixemos todo o embaraço, e o pecado que tão de perto nos rodeia, e corramos com paciência a carreira que nos está proposta, olhando para Jesus, autor e consumador da fé, o qual, pelo gozo que lhe estava proposto, suportou a cruz, desprezando a afronta, e assentou-se à destra do trono de Deus. Considerai, pois, aquele que suportou tais contradições dos pecadores contra si mesmo, para que não enfraqueçais, desfalecendo em vossos ânimos. Ainda não resististes até ao sangue, combatendo contra o pecado. (Hebreus 12:1-4)

Mais adiante, o autor pede com persistência: "retenhamos a graça, pela qual sirvamos a Deus agradavelmente, com reverência e piedade" (Hebreus 12:28).

O que leva muita gente ao desespero e a pensar em abandonar a fé é a falta de paciência, tão vital em nossa perseverança. O *Comentário bíblico pentecostal* apresenta a seguinte informação sobre essa qualidade: "Seu significado é semelhante a 'longanimidade'[8] [...], que pode ser literalmente traduzido como 'resistir sob uma carga pesada'".[9] Precisamos de paciência para resistir às cargas pesadas do mundo. Essa palavra aparece algumas vezes na Epístola aos Hebreus. Depois de mencionar aqueles que "foram iluminados, e provaram o dom celestial, e se fizeram participantes do Espírito Santo, e provaram a boa palavra de Deus, e as virtudes do século futuro, e recaíram" (Hebreus 6:4-6), o autor os estimula à fé usando o exemplo de Abraão:

> Mas desejamos que cada um de vós mostre o mesmo cuidado até ao fim, para completa certeza da esperança; para que vos não façais negligentes, mas sejais imitadores dos que pela fé e *paciência* herdam as promessas. Porque, quando Deus fez a promessa a Abraão, como não tinha outro maior por quem jurasse, jurou por si mesmo, dizendo: Certamente,

---

[8] A longanimidade é um dos elementos que compõem o "fruto do Espírito" (Gálatas 5:22-23).

[9] P. 1182.

> abençoando te abençoarei, e multiplicando te multiplicarei. E assim, esperando com *paciência*, alcançou a promessa. (Hebreus 6:11-15)

Logo mais à frente, ele declara:

> Não rejeiteis, pois, a vossa confiança, que tem grande e avultado galardão. Porque necessitais de *paciência*, para que, depois de haverdes feito a vontade de Deus, possais alcançar a promessa. Porque ainda um pouquinho de tempo, e o que há de vir virá, e não tardará. Mas o justo viverá pela fé; e, se ele recuar, a minha alma não tem prazer nele. Nós, porém, não somos daqueles que se retiram para a perdição, mas daqueles que creem para a conservação da alma. (Hebreus 10:35-39)

Ele voltará a usar essa palavra em Hebreus 12:1, já mencionado anteriormente, ao falar da "tão grande nuvem de testemunhas" que, com fé e paciência, perseveraram no caminho de Deus sem jamais esmorecer. Outro autor bíblico, Tiago, reforça o valor da paciência na vida perseverante que o crente deve ter:

> Sede pois, irmãos, *pacientes* até à vinda do Senhor. Eis que o lavrador espera o precioso fruto da terra, aguardando-o com *paciência*, até que receba a chuva temporã e serôdia. Sede vós também *pacientes*, fortalecei os vossos corações; porque já a vinda do Senhor está próxima. Irmãos, não vos queixeis uns contra os outros, para que não sejais condenados. Eis que o juiz está à porta. Meus irmãos, tomai por exemplo de aflição e *paciência* os profetas que falaram em nome do Senhor. Eis que temos por bem-aventurados os que sofreram. Ouvistes qual foi a *paciência* de Jó, e vistes o fim que o Senhor lhe deu; porque o Senhor é muito misericordioso e piedoso. (Tiago 5:7-11)

Ser paciente sugere que devemos descansar em Deus, entrar em seu "repouso" (Hebreus 4:11). No entanto, como lembra o *Comentário bíblico pentecostal*, "entrar no repouso de Deus exige diligência, não passividade; uma busca sincera, não indiferença; uma fé ativa expressa em obediência, não a incredulidade e a desobediência dos israelitas do Antigo Testamento".[10] Temos de ser ativos na fé (Efésios 2:10; Tiago 2:22; Tito 2:14)[11] e lutar para "conservarmos firme a confiança e a glória da esperança até ao fim" (Hebreus 3:6). Toda a Epístola aos Hebreus é um chamado à perseverança na fé. Essa carta se dirige aos que são a "casa" de Cristo, que "somos nós", e por meio dela somos exortados a reter a fé "até ao fim":

> Mas Cristo, como Filho, [foi fiel] sobre a sua própria casa; a qual casa somos nós, se tão somente conservarmos firme a confiança e a glória da esperança *até ao fim*. [...] Vede, irmãos, que nunca haja em qualquer de vós um coração mau e infiel, para se apartar do Deus vivo. [...] Porque nos tornamos participantes de Cristo, se retivermos firmemente o princípio da nossa confiança *até ao fim*. (Hebreus 3:6, 12, 14)

Para nos ajudar nessa luta ativa para perseverarmos na fé, Deus nos deu uma armadura espiritual completa, como veremos a seguir.

A "ARMADURA DE DEUS" PARA NOS AJUDAR A PERSEVERAR

> Portanto, tomai toda a armadura de Deus, para que possais resistir no dia mau e, havendo feito tudo, ficar firmes. (Efésios 6:13)

Não podemos nos esquecer de que estamos em guerra espiritual constante. Antes de apresentar a "armadura de Deus", o apóstolo Paulo mostrou contra quem temos de lutar: "Porque não temos que lutar contra a carne e o sangue, mas, sim, contra os principados, contra as potestades, contra os príncipes das trevas deste século, contra as hostes espirituais da maldade, nos lugares celestiais" (Efésios 6:12). Por isso,

---

[10]P. 1565.

[11]Conforme já tratamos amplamente no capítulo 7, "Chamados para servir e dar frutos".

não podemos baixar a guarda nem esmorecer, pois nossos inimigos não dormitam nem se fadigam. Temos de estar sóbrios e em estado de vigilância o tempo todo, pois, afinal, "o diabo, [nosso] adversário, anda em derredor, bramando como leão, buscando a quem possa tragar" (1Pedro 5:8). Muitos, lamentavelmente, acabam se cansando dessa batalha espiritual e entregam suas armas, rendendo-se ao Inimigo de nossas almas, deixando-se devorar por aquele que ruge como um leão faminto de almas cansadas e sobrecarregadas.

Nessa luta pela perseverança na fé, a palavra-chave é "resistência". Depois de falar que o Diabo busca a quem tragar, Pedro diz: "Ao qual *resisti* firmes na fé, sabendo que as mesmas aflições se cumprem entre os vossos irmãos no mundo" (1Pedro 5:9). Tiago também nos exorta: "Sujeitai-vos, pois, a Deus, *resisti* ao diabo, e ele fugirá de vós" (Tiago 4:7). Para resistir ao Diabo e ficar firmes "contra as astutas ciladas dele" e às forças do mundo que querem nos empurrar para bem longe de Deus e de sua vontade, desviando-nos do caminho da fé, temos de nos revestir "de toda a armadura de Deus", apresentada em Efésios 6:14-17:

> Estai, pois, firmes, tendo cingidos os vossos lombos com a verdade, e vestida a couraça da justiça; e calçados os pés na preparação do evangelho da paz; tomando sobretudo o escudo da fé, com o qual podereis apagar todos os dardos inflamados do maligno. Tomai também o capacete da salvação, e a espada do Espírito, que é a palavra de Deus.

O apóstolo Paulo "faz uma descrição das várias partes da armadura vestida pelo soldado romano e, em seguida, mostra sua aplicação espiritual".[12] Passemos então à descrição dessa poderosa armadura espiritual composta de seis elementos: os cinco primeiros são "armas de defesa", e o último, de ataque.[13]

---

[12] *Comentário bíblico pentecostal*, p. 1266, 1257.

[13] Russell SHEDD, *Epístolas da Prisão: uma análise de Efésios, Filipenses, Colossenses e Filemom*, p. 74.

1. CINTURÃO DA VERDADE

O primeiro elemento dessa armadura é o cinturão ou cinto da verdade. O *Comentário bíblico pentecostal* expõe:

> A verdade é comparada ao cinto do soldado ao redor de seus lombos [...] O cinto era um aparato de couro que garantia que a túnica do soldado permanecesse presa durante a luta, ajudava a proteger o corpo e mantinha a espada em seu lugar quando não estivesse lutando. [...] Na guerra espiritual devemos estar cingidos pela verdade no falar e no comportamento (viver na verdade), e protegidos pela retidão moral ou integridade. A falsidade, ou a falta de integridade, irão nos expor diretamente ao inimigo.[14]

O comentário do pastor Russell Shedd amplia ainda mais o entendimento a respeito:

> [...] o cinturão da *verdade*, o conhecimento e a convicção da verdade de Deus, o saber que essa palavra não pode falhar; podem passar os céus e a terra, mas a palavra do Senhor permanece para sempre. Esse cinturão dá sustentação ao resto da armadura; todo o restante se apoia nele. Se estamos em dúvida quanto à verdade revelada, não teremos muitas condições de defesa nem de ataque.[15]

Os cristãos hebreus estavam em dúvida com relação à verdade. Ao quererem retornar ao judaísmo e voltar a praticar os rituais que eram meras sombras e que apontavam para a realidade, que é Cristo, eles acabaram se deixando levar por inverdades. A verdade é que Jesus é maior que os Profetas, os anjos, o líder Moisés, a Lei e o sacerdócio levítico; a verdade é que se os cristãos hebreus tivessem olhado para a vida de fé dos heróis e das heroínas do Antigo Testamento teriam visto que é possível ser fiel até o fim, pois eles contemplaram a Cristo,

---

[14] *Comentário bíblico pentecostal*, p. 1266.

[15] *Epístolas da Prisão*, p. 74.

diretamente ou indiretamente, pois ele era o descendente de Abraão que abençoaria todas as nações (Gálatas 3:16). O próprio Jesus disse acerca do patriarca hebreu: "Abraão, vosso pai, exultou por ver o meu dia, e viu-o, e alegrou-se" (João 8:56). A verdade é que Cristo é "o caminho, e a verdade e a vida" (João 14:6), e dessa verdade jamais podemos abrir mão, pois "quem tem o Filho tem a vida; quem não tem o Filho de Deus não tem a vida" (1João 5:12).

2. COURAÇA DA JUSTIÇA

"A 'couraça' fornecia proteção desde o pescoço até a parte superior das coxas (isto é, todo o tronco e os órgãos vitais)."[16] Jesus declarou: "Bem-aventurados os que têm fome e sede de justiça, porque eles serão fartos" (Mateus 5:6). Como a justiça "se refere à retidão de caráter e conduta",[17] e o caráter e a conduta do cristão devem ser moldados de acordo com o padrão observado em Jesus, isso indica que somos convocados a um estilo de vida cuja integridade é inabalável e resiste às armas mais poderosas do mal. Quando os cristãos hebreus pararam de olhar para Jesus, "autor e consumador da fé", que "suportou a cruz, desprezando a afronta", suportou as "contradições dos pecadores contra si mesmo" (Hebreus 12:2-3), eles perderam seu referencial de vida reta, justa e íntegra. Talvez achassem que tudo aquilo que Jesus sofreu era um sinal de fraqueza, quando, na verdade, era a demonstração de uma vida baseada na justiça e na retidão, que nada nem ninguém neste mundo pode abalar (leia Romanos 8:35-39).

3. CALÇADOS DA PREPARAÇÃO DO EVANGELHO DA PAZ

O pastor Shedd afirmou que "essa preparação é a prontidão para falar de Cristo a qualquer pessoa, fazendo a defesa da fé que temos",[18]

---

[16] *Comentário bíblico pentecostal*, p. 1266.
[17] *Comentário bíblico pentecostal*, p. 1267.
[18] *Epístolas da Prisão*, p. 74.

com base em 1Pedro 3:15: "Antes, santificai ao Senhor Deus em vossos corações; e estai sempre preparados para responder com mansidão e temor a qualquer que vos pedir a razão da esperança que há em vós." Já o *Comentário bíblico pentecostal* afirma o seguinte:

> [...] o argumento de Paulo envolve uma preparação de nossos pés para nos manter firmes na batalha, e não para divulgar o evangelho. O apóstolo está enfatizando a importância de um seguro sustentáculo ao enfrentar o inimigo. O soldado romano usava sandálias com cravos e travas para que, mesmo em terrenos escorregadios, pudesse manter-se firmemente e apoiado nos combates corpo a corpo. [...] Não é a prontidão para anunciar o evangelho (embora isso seja importante), porém a prontidão para a batalha, "para permanecer inabalável contra o inimigo" [...], o que é produzido em nós pela paz de Deus através do evangelho. E a paz de Deus, que excede todo o entendimento, guardará os nossos corações e os nossos sentimentos em Cristo Jesus [Filipenses 4:7], quando Satanás atacar, dando-nos assim confiança para nos mantermos firmes em nossa posição e para não nos retirarmos com medo ou em desespero.[19]

Apesar das divergências entre as interpretações, elas são, no final, complementares, e ambas trazem uma lição valiosa: quando o crente está ocupado na obra de Deus, quando está salvando vidas e saqueando o inferno, ou mesmo lutando incansavelmente contra o mal em suas várias facetas, ele tem menos tempo para pensar em suas adversidades, pois está trabalhando na seara do Mestre e com os olhos fixos na batalha. O foco não é voltado para si mesmo ou para seus problemas, mas para a vontade do Senhor, que requer de nós prontidão. A ociosidade pode ser um grande problema. Já vimos no capítulo 3 deste livro que o rei Davi, em plena campanha militar, decidiu ficar em casa enquanto seus soldados estavam no campo de batalha. Ele pensou que estivesse

[19] *Comentário bíblico pentecostal*, p. 1267.

protegido, mas não estava. Foi atingido pela flecha da luxúria e adulterou com Bate-Seba, culminando na morte do marido traído (2Samuel 11—12). O velho ditado diz que "mente vazia é oficina do Diabo". Ele sabe se aproveitar desses momentos. Os cristãos hebreus, por exemplo, pararam de frequentar os cultos de adoração, a ponto de terem de ouvir: "Não deixando a nossa congregação, como é costume de alguns, antes admoestando-nos uns aos outros; e tanto mais, quanto vedes que se vai aproximando aquele dia" (Hebreus 10:25). Na igreja ouvimos o evangelho e nos preparamos para sair e pregá-lo, tanto por palavras quanto por ações. Na igreja, recebemos instruções para a batalha espiritual que travamos no dia a dia, e saímos para colocar em prática essas orientações advindas da Palavra de Deus. Portanto, mantenha-se preparado e ocupado. Siga estes conselhos práticos do apóstolo Paulo: "sede fervorosos no espírito, servindo ao Senhor" (Romanos 12:11) e "sede firmes e constantes, sempre abundantes na obra do Senhor, sabendo que o vosso trabalho não é vão no Senhor" (1Coríntios 15:58).

4. ESCUDO DA FÉ

O *Comentário bíblico pentecostal* apresenta uma exposição muito interessante sobre o "escudo":

> A palavra grega para "escudo" (v. 16) está relacionada à palavra "porta". Assim, o escudo que Paulo tem em mente não é aquele pequeno e redondo, porém, um escudo grande e retangular (com aproximadamente 82,5cm de largura por 1 metro e 32cm de comprimento), feito com camadas alternadas de madeira, bronze e couro de boi. Nas batalhas, ele poderia ser usado lado a lado com os demais e desse modo formar uma barreira de proteção à frente ou uma cobertura acima das cabeças. Antes da batalha, o couro era embebido em água para que as flechas flamejantes, banhadas com piche, se extinguissem ou caíssem inofensivas no solo.[20]

[20] *Comentário bíblico pentecostal*, p. 1267.

Em seguida, vem a seguinte aplicação espiritual:

> A "fé" é o escudo que fornece proteção ao crente contra "todos os dardos inflamados do maligno". Esses "dardos inflamados" incluem tentações, acusações, perseguições, calúnias, heresias e outras tentativas de derrotar o crente e dividir a Igreja. Todos esses dardos devem ser contra-atacados com a fé.[21]

Essa é razão pela qual o escritor de Hebreus menciona tanto a fé para aqueles cristãos em vias de perderem o rumo espiritual, principalmente no capítulo 11, no qual alista os grandes heróis da fé:

> Sejais imitadores dos que pela *fé* e paciência herdam as promessas. (Hebreus 6:12)

> Cheguemo-nos com verdadeiro coração, em inteira certeza de *fé*, tendo os corações purificados da má consciência, e o corpo lavado com água limpa. (Hebreus 10:22)

> Mas o justo viverá pela *fé*. (Hebreus 10:38)

> Ora, sem *fé* é impossível agradar-lhe; porque é necessário que aquele que se aproxima de Deus creia que ele existe, e que é galardoador dos que o buscam. (Hebreus 11:6)

> Olhando para Jesus, autor e consumador da *fé* (Hebreus 12:22).

Quando o crente se afasta dos caminhos do Senhor ou fica prostrado diante do pecado é sinal de que perdeu o escudo da fé que poderia protegê-lo dos "dardos inflamados do maligno". Sem esse escudo, ficamos vulneráveis, como os irmãos da Carta aos Hebreus. Até a ciência

[21] *Comentário bíblico pentecostal*, p. 1267.

já se deu conta disso; estudos revelam que pessoas de fé são mais felizes e vivem mais. Aos 89 anos de idade, dos quais 60 servindo ao Senhor, e ainda em pleno vigor, posso dizer que sei disso muito antes de a ciência confirmar o que a Bíblia já dizia — a fé é um poderoso escudo.

"Fé é compromisso com o Senhor; é lealdade que cresce à medida que progredimos no conhecimento dele."[22]

5. CAPACETE DA SALVAÇÃO

"O capacete foi desenhado para proteger a cabeça nas batalhas."[23] Esse instrumento aponta então para a nossa mente. Vejamos como o *Comentário bíblico pentecostal* interpreta essa passagem:

> A mente do crente é o maior campo de batalha da guerra espiritual. Nossa libertação e vitória sobre os espíritos malignos das trevas envolvem o complexo campo de batalha de nossa vida mental. Se "o capacete da salvação" se refere à segurança da salvação que temos agora pela nossa união com Cristo (perdoados, assentados com Ele nos lugares celestiais, libertados da escravidão de Satanás e adotados na família de Deus), ou à esperança (confiança) em uma salvação final (cf. [1Tessalonicenses 5:8]) por ocasião da Segunda Vinda de Cristo (inclusive o desterro eterno do pecado, da morte e de Satanás como nossos inimigos), "não há dúvida de que o poder salvador de Deus é a nossa única [e segura] defesa [para a mente] contra o inimigo de nossas almas" (Stott, 282).[24]

Os cristãos hebreus estavam sendo privados da graça de Deus (Hebreus 12:15) porque tinham uma mente despreparada para assimilar conteúdos mais ricos, intensos e profundos da Palavra de Deus. Quem lhes escreveu, reconheceu isso por meio destas palavras:

---

[22] Russell SHEDD, *Epístolas da Prisão*, p. 74.

[23] *Comentário bíblico pentecostal*, p. 1267.

[24] *Comentário bíblico pentecostal*, p. 1267-1268.

> Do qual muito temos que dizer, de difícil interpretação; porquanto vos fizestes negligentes para ouvir. Porque, devendo já ser mestres pelo tempo, ainda necessitais de que se vos torne a ensinar quais sejam os primeiros rudimentos das palavras de Deus; e vos haveis feito tais que necessitais de leite, e não de sólido mantimento. Porque qualquer que ainda se alimenta de leite não está experimentado na palavra da justiça, porque é menino. Mas o mantimento sólido é para os perfeitos, os quais, em razão do costume, têm os sentidos exercitados para discernir tanto o bem como o mal. (Hebreus 5:11-14)

O fato de quererem retroceder e trocar Jesus, o melhor que se poderia desejar e ter, pelos elementos ultrapassados do judaísmo, além de não se darem conta de que sofrimento faz parte da pedagogia de Deus para nos tornar melhores (leia Hebreus 12:5-11), era sinal de que não tinham os sentidos mentais exercitados para discernir entre bem e mal, verdade e erro. Precisamos nos renovar "no espírito da [nossa] mente" (Efésios 4:23). Isso só será possível quando tivermos "a mente de Cristo" (1Coríntios 2:16). O pastor Russell Shedd escreveu o seguinte comentário pertinente:

> A mente que não recebe uma nova atitude que vem de Cristo será sempre uma mente oca. A palavra em grego significa "inútil", "vazia". É uma mente que não se preocupa com nada de valor presente nem futuro; tem ambições que são como o nevoeiro de São Paulo, que aparece pela manhã e lá pelas 9h30 ou 10 horas se vai por completo. A mente que Cristo discipula é a mente que trata de valores permanentes.[25]

6. ESPADA DO ESPÍRITO

O *Comentário bíblico pentecostal* apresenta estas quatro características distintas dessa "espada":

---

[25] *Epístolas da Prisão*, p. 57.

1) Ela é "a espada *do Espírito*", pois se origina dEle; Ele transmite e fortalece a revelação da Palavra de Deus, escrita ou falada.
2) A espada é a única peça do equipamento que não é usada exclusivamente com propósitos de defesa. Sem ela, não temos meios de repelir os demônios quando somos atacados.
3) A palavra usada para "espada" (*machaira*) denota a pequena espada ou adaga (que media entre 30 e 35 cm) que o soldado usava para repelir o inimigo em combates corpo a corpo, e não a espada longa usada para matá-lo (*rhompbaia*).
4) O termo grego, traduzido como "palavra" não é *logos* (geralmente uma revelação bíblica ou o próprio Cristo), porém *rhema* (uma palavra específica das Escrituras ou uma elocução individual concedida pelo Espírito Santo ao coração do cristão). Ela corresponde à declaração de Apocalipse 12:11: "Eles o venceram [Satanás] pelo sangue do Cordeiro [isto é, a vitória decisiva de Jesus na cruz] e "pela palavra do seu testemunho" [isto é, pela confissão de sua boca]. Foi o uso triplo da "palavra de Deus" por Jesus, durante sua tentação no deserto, que permitiu-lhe repelir a Satanás (cf. [Mateus 4:4,7,10]). É através do uso da Palavra de Deus, e do testemunho de nossa boca, que temos a espada e a adaga para repelir todo e qualquer ataque de Satanás e de suas hostes.[26]

Se os cristãos hebreus tivessem usado essa espada teriam rechaçado o medo das perseguições e das diversas aflições que enfraqueceram a sua fé. Aliás, eles foram lembrados do poder da palavra de Deus:

> Porque a palavra de Deus é viva e eficaz, e mais penetrante do que espada alguma de dois gumes, e penetra até à divisão da alma e do espírito, e das juntas e medulas, e é apta para discernir os pensamentos e intenções do coração. (Hebreus 4:12)

---

[26] *Comentário bíblico pentecostal*, p. 1268.

Não basta, porém, ter a Palavra. É preciso usá-la e manuseá-la corretamente. Jesus fez isso com Satanás (Mateus 4:1-11), repelindo suas interpretações equivocadas das Escrituras. Sim, é bom lembrar que o Diabo também tentou usar a Palavra para levar Jesus a cair e fazer a vontade dele em detrimento da vontade do Pai. Satanás sabe usar a "espada do Espírito" para ferir o povo de Deus, e por meio de muitas seitas e heresias ele tem conseguido esse intento ao deturpar a verdade da Bíblia, levando muitos a acreditarem em suas mentiras. O apóstolo Pedro fez este alerta aos cristãos:

> E tende por salvação a longanimidade de nosso Senhor; como também o nosso amado irmão Paulo vos escreveu, segundo a sabedoria que lhe foi dada; falando disto, como em todas as suas epístolas, entre as quais há pontos difíceis de entender, que os indoutos e inconstantes torcem, e igualmente as outras Escrituras, para sua própria perdição. (2Pedro 3:15-16)

Pedro deixa claro que a distorção das Escrituras pode levar à "perdição". Por isso, ele aconselha seus irmãos na fé:

> Vós, portanto, amados, sabendo isto de antemão, guardai-vos de que, pelo engano dos homens abomináveis, sejais juntamente arrebatados, e descaiais da vossa firmeza; antes crescei na graça e conhecimento de nosso Senhor e Salvador, Jesus Cristo. A ele seja dada a glória, assim agora, como no dia da eternidade. Amém. (2Pedro 3:17-18)

O pastor Russell Shedd afirma que "a espada é a Palavra do Senhor, a mensagem do evangelho, quando ela vem sendo aplicada pelo Espírito de Deus".[27] Mas para ser aplicada a nós, precisamos manter contato constante com essa Palavra. É por meio dela que o Senhor revela a si mesmo e a sua vontade, como Paulo revela a Timóteo:

[27] *Epístolas da Prisão*, p. 74.

> E que desde a tua meninice sabes as sagradas Escrituras, que podem fazer-te sábio para a salvação, pela fé que há em Cristo Jesus. Toda a Escritura é divinamente inspirada, e proveitosa para ensinar [instruir no Evangelho], para redarguir [expor os erros], para corrigir [redirecionar o comportamento errado], para instruir em justiça [nutrir os crentes em santidade]; para que o homem de Deus seja perfeito, e perfeitamente instruído para toda a boa obra. (2Timóteo 3:15-17)[28]

Desse modo, "o resultado (ou propósito) da aplicação efetiva das Escrituras é que a pessoa que busca a Deus [...] terá todas as demandas da vida e do ministério cristão devidamente supridas."[29] Assim, se quisermos ter "todas as demandas da vida e do ministério cristãos devidamente supridas", o que inclui vencer a luta contra o mundo, a carne e o Diabo, precisamos amar a Palavra de Deus e fazer uso dela de forma correta.

* * *

Que levemos a sério o nosso chamado à perseverança. Ele deve nos motivar a continuar a luta na vida para a qual Deus nos chamou em sua preciosa graça. Medite nestas passagens das Escrituras:

> Aquele, pois, que cuida estar em pé, olhe não caia. Não veio sobre vós tentação, senão humana; mas fiel é Deus, que não vos deixará tentar acima do que podeis, antes com a tentação dará também o escape, para que a possais suportar. (1Coríntios 10:12-13)

> Tu, porém, permanece naquilo que aprendeste, e de que foste inteirado, sabendo de quem o tens aprendido (2Timóteo 3:14)

---

[28] O conteúdo entre colchetes é do *Comentário bíblico pentecostal*, p. 1500.

[29] *Comentário bíblico pentecostal*, p. 1500.

> E o próprio nosso Senhor Jesus Cristo e nosso Deus e Pai, que nos amou, e em graça nos deu uma eterna consolação e boa esperança, console os vossos corações, e vos confirme em toda a boa palavra e obra. (2Tessalonicenses 2:16-17)

À luz dessas passagens e de tudo o que vimos até aqui, quero ministrar ao seu coração algumas palavras de encorajamento: Não se canse. Não desanime. Não perca a fé. E ainda que passemos por todos os tipos de lutas, aflições e tentações, saiba que, no final, a vitória será nossa em nome de Jesus (Romanos 8:37). Em 2Coríntios 4:8, o apóstolo Paulo mostra que para cada problema que nos sobrevém há um escape da parte de Deus: "Em tudo somos atribulados, *mas não* angustiados; perplexos, *mas não* desanimados. Perseguidos, *mas não* desamparados; abatidos, *mas não* destruídos". Nessa confiança, vamos seguir em frente até Jesus voltar, pois "não somos daqueles que se retiram para a perdição, mas daqueles que creem para a conservação da alma" (Hebreus 10:39).

CONCLUSÃO: DEUS CHAMA. VOCÊ O OUVE?

> Mas isto lhes ordenei, dizendo: Dai ouvidos à minha voz, e eu serei o vosso Deus, e vós sereis o meu povo; e andai em todo o caminho que eu vos mandar, para que vos vá bem. (Jeremias 7:23)

Samuel foi um dos grandes profetas do povo de Deus. Ele foi fruto de um milagre. Ana, sua mãe, não podia engravidar, mas Deus ouviu a oração dessa serva e nasceu Samuel. Em sinal de gratidão, Ana o entregou para servir integralmente a Deus no seu santuário.

Samuel ficou aos cuidados então do sacerdote Eli, que ouviu a seguinte profecia de um homem de Deus: "E eu suscitarei para mim um sacerdote fiel, que procederá segundo o meu coração e a minha alma, e eu lhe edificarei uma casa firme, e andará sempre diante do meu ungido" (1Samuel 2:35). Samuel era o escolhido de Deus, mas precisava ser chamado e aceitar o chamado, e foi o que o Senhor fez. Certa noite, "o SENHOR chamou a Samuel", ao que o jovem respondeu: "Eis-me aqui" (1Samuel 3:4). No entanto, Samuel pensou que fosse Eli lhe chamando; correu até o profeta e disse: "Eis-me aqui, porque tu me chamaste" (1Samuel 3:5). Isso aconteceu mais duas vezes, e o experiente sacerdote percebeu o óbvio: "Então entendeu Eli que o SENHOR chamava o jovem" (1Samuel 3:8). E Samuel recebeu de Eli esta instrução: "Vai deitar-te e há de ser que, se te chamar, dirás: Fala, SENHOR, porque o teu servo ouve" (1Samuel 3:9). "Então", relata a Bíblia, "veio o SENHOR, e pôs-se ali, e chamou como das outras vezes: Samuel, Samuel. E disse Samuel: Fala, porque o teu servo ouve" (1Samuel 3:10). Iniciava-se ali uma longa jornada de serviços prestados ao Senhor como sacerdote, profeta e juiz do povo de Deus. Ao dizer "sim" a Deus, Samuel entrou para a História. Ele é mencionado em Salmos 99:6 e é colocado lado a lado de Moisés em grau de importância em Jeremias 15:1. É também mencionado por Lucas no livro de Atos (3:24 e 13:12) e está na lista dos heróis da fé de Hebreus 11 (v. 32).

Não podemos ler a história de Samuel que atendeu à convocação do Deus que chama como se fosse algo puramente ligado ao passado. O Deus que escolheu e chamou a Samuel continua a chamar pessoas nos dias de hoje, e bom seria se a resposta ao chamado dele fosse sempre: "Fala, SENHOR, porque o teu servo ouve". Essa é a disposição que Deus espera de cada um de nós.

Vimos ao longo deste livro diversos chamados de Deus para a nossa vida: o chamado para crer nele e adorá-lo; para nos arrependermos diariamente de nossos pecados e viver uma vida santa, além de orarmos sem cessar, por nós mesmos e por outros; somos também chamados a dar testemunho tanto por palavras quanto por ações, declarando ao mundo as maravilhas de Deus, até mesmo por meio de sinais milagrosos, que atestam neste mundo descrente o poder de Deus; ele também nos chamou para servi-lo, bem como para servir ao nosso próximo, que inclui não apenas nossos familiares, amigos e irmãos na fé, mas também a sociedade, e dar frutos na vida cristã; e, tendo em vista que temos inimigos à espreita para não darmos ouvido aos chamados de Deus, somos instados a perseverar até o fim no serviço ao Senhor, e para isso, temos de perseverar em ouvi-lo: "O Senhor DEUS me abriu os ouvidos, e eu não fui rebelde; não me retirei para trás" (Isaías 50:5). Que levemos a sério cada um dos chamados do Senhor.

Deus fala. Deus chama. Disso todos nós já sabemos. No entanto, o que quero saber é: Você o ouve? E ouvir aqui não é apenas saber o que ele está dizendo, mas obedecê-lo. Muita gente ouve a voz de Deus, sobretudo mediante a leitura e a exposição da Palavra muitas vezes durante a semana, especialmente aos domingos, quando nos reunimos para adorá-lo como povo congregado. No entanto, nem todos atendem aos seus chamados. Às vezes, muito do que Deus fala entra num ouvido e sai pelo outro. Temos de lutar contra esse tipo de atitude. Abra seu coração para o Senhor. Mantenha seus ouvidos atentos ao seu chamar. Lembre-se de Jeremias 7:23, citado no início desta Conclusão. Além dessa passagem, gostaria de concluir listando dois versículos para que você os guarde em sua mente e em seu coração, e que o Espírito Santo possa ministrar ao seu íntimo à medida que você os lê:

> Escutai a minha lei, povo meu; inclinai os vossos ouvidos às palavras da minha boca. (Salmos 78:1)

> Atendei-me, povo meu, e nação minha, inclinai os ouvidos para mim; porque de mim sairá a lei, e o meu juízo farei repousar para a luz dos povos. (Isaías 51:4)

Obrigado por ter chegado até aqui. Que este livro tenha sido uma bênção em sua vida. Oro para que você persevere até o fim crendo em Deus e adorando-o, arrependendo-se de seus pecados e confessando-os a ele, vivendo uma vida de santificação e honra, orando ao Senhor continuamente, testemunhando o poder de Deus em sua vida e servindo-o juntamente com sua igreja e produzindo frutos para a honra e glória do Senhor. Amém!

REFERÊNCIAS BIBLIOGRÁFICAS

ALMEIDA, Abraão de. *Mais 201 respostas para o seu enriquecimento espiritual e cultural*. Rio de Janeiro: CPAD, 2014.

______. *Evidências de um Criador*. Rio de Janeiro: CPAD, 1986.

______. *Teologia contemporânea*. Nova edição ampliada. Rio de Janeiro: CPAD, 2014.

ANDRADE, Claudionor Corrêa de. *Dicionário de escatologia bíblica*. Rio de Janeiro: CPAD, [sem data].

ARRINGTON, Franch L.; STRONSTAD, Roger (editores). 4. ed. *Comentário bíblico pentecostal: Novo Testamento*. Rio de Janeiro: CPAD, 2006.

BERG, David. *Daniel Berg: Enviado por Deus*. Rio de Janeiro: CPAD, 1995.

BÍBLIA de estudo pentecostal. Rio de Janeiro: CPAD, 2006.

BÍBLIA de Estudo Vida. São Paulo: Vida, 1999.

A BÍBLIA SAGRADA: edição comemorativa pela inauguração da nova sede da Assembleia de Deus de Guarulhos (Ministério de Madureira). Rio de Janeiro: Thomas Nelson Brasil, 2018.

BOYER, Orlando. *Pequena enciclopédia bíblica*. Pindamonhagaba, SP: Instituto Bíblico das Assembleias de Deus, 1966.

CABRAL, Elienai. *Comentário bíblico Efésios*. Rio de Janeiro: CPAD, 1983.

_____. *Parábolas de Jesus*. Rio de Janeiro: CPAD, 2005.

DEERE, Jack. *Surpreendido pelo poder do Espírito*. Rio de Janeiro: CPAD, 1995.

DUPLEY, Timothy (compilador). *Cristianismo autêntico: 986 textos selecionados das obras de John Stott*. São Paulo: Vida, 2006.

GILBERTO, Antonio. *A Bíblia através dos séculos*. Rio de Janeiro: CPAD, 1986.

_____. *Doutrina bíblica e usos e costumes na igreja*. Rio de Janeiro: CPAD, [sem data].

_____. *Fruto do Espírito*. Campinas, SP: Instituto por Correspondência Internacional/Global University, 1984.

_____. *Prática do evangelismo pessoal*. Rio de Janeiro: CPAD, 1983.

_____. *Teologia sistemática pentecostal*. 2. ed. Rio de Janeiro: CPAD, 2008.

HORTON, Stanley. *A vitória final*. Rio de Janeiro: CPAD, 1995.

_____. *Doutrinas bíblicas*. Rio de Janeiro: CPAD, 1995.

MENEZES, Aldo. *Testemunhas de Jeová: exposição e refutação de suas doutrinas*. 2. ed. revista, atualizada e ampliada. São Paulo: Vida, 2009.

PEARLMAN, Myer. *Atos: e a igreja se fez missões*. Rio de Janeiro: CPAD, 1995.

_____. *Através da Bíblia livro por livro*. Rio de Janeiro: CPAD, 1995.

_____. *Conhecendo as doutrinas da Bíblia*. São Paulo: Vida, 2006.

_____. *Epístolas Paulinas*. Rio de Janeiro: CPAD, 1998.

_____. *Lucas: o evangelho do homem perfeito*. Rio de Janeiro: CPAD, 1995.

ROMEIRO, Paulo. *Supercrentes*. 2. ed. São Paulo: Mundo Cristão, 2007.

SHEDD, Russell P. *Autoridade e poder*. São Paulo: Shedd, 2013.

_____; MULHOLLAND, Dewey M. *Epístolas da prisão: uma análise de Efésios, Filipenses, Colossenses e Filemom*. São Paulo : Vida Nova, 2005.

TOGNINI, Enéas; BENTES, João Marques. *Janelas para o Novo Testamento*. São Paulo: Hagnos, 2009.

SOBRE O AUTOR

Clementino de Oliveira Barbosa é pastor presidente do campo de Guarulhos da Assembleia de Deus (Ministério de Madureira) desde 1995, uma igreja com mais de 70 anos de existência e um contingente que ultrapassa os 20 mil membros. Ele atendeu ao chamado para crer em Deus em 1959. Já são mais de 60 incansáveis anos de serviço dedicado a Deus. Neto de coronel da Chapada Diamantina, Bahia, Clementino nasceu para mandar, segundo queria o avô, mas foi chamado por Deus para servir a ele e sua igreja, o que faz com muito amor e disposição até hoje aos 89 anos. Antes de assumir o pastorado em tempo integral, ele construiu uma sólida e admirável carreira profissional no Banco da Província do Rio Grande do Sul, de 1954 a 1980. Foi casado com Haydée Ruth por 56 anos, até o falecimento de seu grande amor em 2013, com quem teve sete filhos: Paulo Marcos, Sérgio Paulo, Jessé Enéias, Miriam Rute, Jether Nereu, Jeser Nathan e Jeziel André.

Este livro foi impresso em 2018, pela Edigráfica, para a Thomas Nelson Brasil. A fonte usada no miolo é Minion Pro, corpo 12.
O papel do miolo é avena 80 g/m², e o da capa é cartão 250 g/m².